DAS HA[illegible] SELBSTGEMACHTEN PASTA FÜR ANFÄNGER

100 REZEPTE, TECHNIKEN UND PRAKTISCHE TIPPS, UM DEN TEIG ZU BEHERRSCHEN UND NUDELN HERZUSTELLEN

CELINE SHROUEDER

Haftungsausschluss

Die in diesem eBook enthaltenen Informationen sollen als umfassende Sammlung von Strategien dienen, über die der Autor dieses eBooks recherchiert hat. Zusammenfassungen, Strategien, Tipps und Tricks sind nur Empfehlungen des Autors, und das Lesen dieses eBooks garantiert nicht, dass die Ergebnisse genau die Ergebnisse des Autors widerspiegeln. Der Autor des eBooks hat alle zumutbaren Anstrengungen unternommen, um den Lesern des eBooks aktuelle und genaue Informationen bereitzustellen. Der Autor und seine Mitarbeiter haften nicht für unbeabsichtigte Fehler oder Auslassungen, die möglicherweise gefunden werden. Das Material im eBook kann Informationen von Dritten enthalten. Materialien von Drittanbietern enthalten Meinungen, die von ihren Eigentümern geäußert wurden. Daher übernimmt der Autor des eBooks keine Verantwortung oder Haftung für Materialien oder Meinungen Dritter.

INHALTSVERZEICHNIS

EINLEITUNG

Frischen, hausgemachten Nudelteig zuzubereiten muss nicht mühsam sein! Alles, was Sie brauchen, ist etwas Mehl, Eier und ein wenig Armkraft, während Sie alles zusammenkneten - keine Küchenmaschine oder ein schicker Standmixer erforderlich. Und sobald duPasta ist fertig, alles, was Sie brauchen, sind 2-3 Minuten Kochen, bevor Sie Ihre Sauce hinzufügen, Ihren Käse bestreuen und den Wein öffnen können.

Unabhängig vom Rezept ist der Vorgang zur Herstellung von Nudelteig derselbe: Rühren Sie langsam Flüssigkeit in Ihr Mehl, um es beim Mischen zu hydratisieren. Ordnen Sie Ihr Mehl in Form eines Vulkans - d. h. eines Hügels mit einem Krater in der Mitte - auf einer ebenen Arbeitsfläche oder in einer breiten, flachen Schüssel an. Die flüssigen Zutaten in den Krater geben und das Eigelb (falls verwendet) mit den Zinken einer Gabel zerbrechen. Die Flüssigkeit langsam unter das Mehl rühren, dabei von der Mitte nach außen arbeiten. Wenn der Teig dann zu steif ist, um ihn mit einer Gabel zu mischen, verwenden Sie Ihre Hände, um alles zusammenzubringen.

Elektrische Nudelmaschinen nehmen Ihrem selbstgemachten Teig den Muskelbedarf; Nachdem Sie die Zutaten in die Kammer gegeben haben, übernimmt die Maschine das gesamte Kneten für Sie, was für diejenigen, denen es an Unterarmkraft mangelt, wie eine lohnende Abkürzung erscheinen mag. Aber nach Ansicht der meisten Köche ist die Zubereitung von Nudelteig ohne Geräte einfacher als Sie denken und narrensicherer, was zu konsistenten, besser eingearbeiteten Ergebnissen führt.

Technisch gesehen bedeutet das Zusammenbringen Ihres Teigs von Hand vor dem Kneten, dass Sie jedes Mal eine richtig ausgewogene Mischung erhalten. Dies hilft dabei, Variablen in Ihrem Teig zu berücksichtigen, die ihn auch nach demselben Rezept lockerer oder trockener machen könnten, wie die Marke des verwendeten AP-Mehls oder die Größe Ihrer Eier.

TEIGREZEPTE

1. Eierteig

ERGIBT 1 LB 7 OZ (650 G)

Zutaten

- 2 Tassen (254 g) 00 Mehl
- 1 Teelöffel (5 g) koscheres Salz
- 20 Eigelb
- 2 Teelöffel (10 ml) natives Olivenöl extra

Richtungen

a) Für den Eierteig das 00-Mehl und das Salz auf einer trockenen Arbeitsfläche vermischen. Bilden Sie einen Hügel mit einem Durchmesser von etwa 25 cm.

b) Mit den Händen eine Mulde in die Mitte der Mehl-Salz-Mischung formen. Eigelb und Öl langsam in die Mitte gießen und leicht schlagen. Das Mehl nach und nach mit den Fingern oder einer Gabel einarbeiten.

c) Mehl, Eigelb und Öl mischen, bis es vollständig eingearbeitet ist. Wenn der Teig an Ihrer Arbeitsfläche klebt, fügen

Sie etwas Mehl hinzu. Wenn sich der Teig trocken anfühlt, sprühen Sie ein wenig Wasser, um ihn zu verbinden.

d) Sobald der Teig zu einer Kugel geformt ist, kneten Sie ihn, indem Sie ihn mit dem Handballen nach unten drücken und drehen. Den Teig etwa 10 bis 15 Minuten kneten. Der Teig ist ausreichend geknetet, wenn er glatt aussieht und beim Drücken zurückspringt.

e) Wickeln Sie den Teig fest mit Plastikfolie ein und lassen Sie ihn vor der Verwendung mindestens 30 Minuten bei Raumtemperatur ruhen. Wenn Sie den Teig nicht sofort verwenden, kühlen Sie ihn ab.

2. Ravioli-Teig

ERGIBT 2 LB (908 G)

Zutaten

- 4 Tassen (508 g) 00 Mehl
- 1 Teelöffel (5 g) koscheres Salz
- 5 Eier
- 6 Eigelb

Richtungen

a) Für den Ravioli-Teig das 00-Mehl und das Salz auf einer trockenen Arbeitsfläche mischen. Bilden Sie einen Hügel mit einem Durchmesser von etwa 25 cm.

b) Mit den Händen eine Mulde in die Mitte der Mehl-Salz-Mischung formen. Gießen Sie die Eier und das Eigelb langsam in die Mitte und schlagen Sie sie leicht. Das Mehl nach und nach mit den Fingern oder einer Gabel einarbeiten.

c) Mehl und Eier mischen, bis alles vollständig eingearbeitet ist. Wenn der Teig an Ihrer Arbeitsfläche klebt, fügen Sie etwas Mehl hinzu. Wenn sich der

Teig trocken anfühlt, sprühen Sie ein wenig Wasser, um ihn zu verbinden.

d) Sobald der Teig zu einer Kugel geformt ist, kneten Sie ihn, indem Sie ihn mit dem Handballen nach unten drücken und drehen. Den Teig etwa 10 bis 15 Minuten kneten. Der Teig ist ausreichend geknetet, wenn er glatt aussieht und beim Drücken zurückspringt.

e) Wickeln Sie den Teig fest mit Plastikfolie ein und lassen Sie ihn vor der Verwendung mindestens 30 Minuten bei Raumtemperatur ruhen. Wenn Sie den Teig nicht sofort verwenden, kühlen Sie ihn ab.

3. Grießteig

ERGIBT 1 LB (454 G)

Zutaten

- 1 Tasse (168 g) Grießmehl
- 1 Tasse (127 g) 00 Mehl
- 1 Esslöffel (10 g) koscheres Salz
- $\frac{3}{4}$ Tasse (178 ml) warmes Wasser

Richtungen

a) Für den Grießteig Mehl und Salz mischen und auf eine trockene Arbeitsfläche geben. Bilden Sie einen Hügel mit einem Durchmesser von etwa 25 cm. Mit den Händen eine Mulde in die Mitte der Mehl-Salz-Mischung formen. Gießen Sie das Wasser langsam in die Mitte und arbeiten Sie das Mehl nach und nach mit den Fingern oder einer Gabel ein.

b) Mehl und Wasser mischen, bis alles vollständig eingearbeitet ist. Wenn der Teig an Ihrer Arbeitsfläche klebt, fügen Sie etwas Mehl hinzu. Wenn sich der Teig trocken anfühlt, sprühen Sie ein wenig Wasser, um ihn zu verbinden.

c) Sobald der Teig zu einer Kugel geformt ist, kneten Sie ihn, indem Sie ihn mit dem Handballen nach unten drücken und drehen. Den Teig etwa 10 Minuten kneten. Der Teig ist ausreichend geknetet, wenn er glatt aussieht und beim Drücken zurückspringt.

d) Wickeln Sie den Teig fest mit Plastikfolie ein und lassen Sie ihn vor der Verwendung mindestens 30 Minuten bei Raumtemperatur ruhen. Wenn Sie den Teig nicht sofort verwenden, kühlen Sie ihn ab.

4. Extrudierter Teig

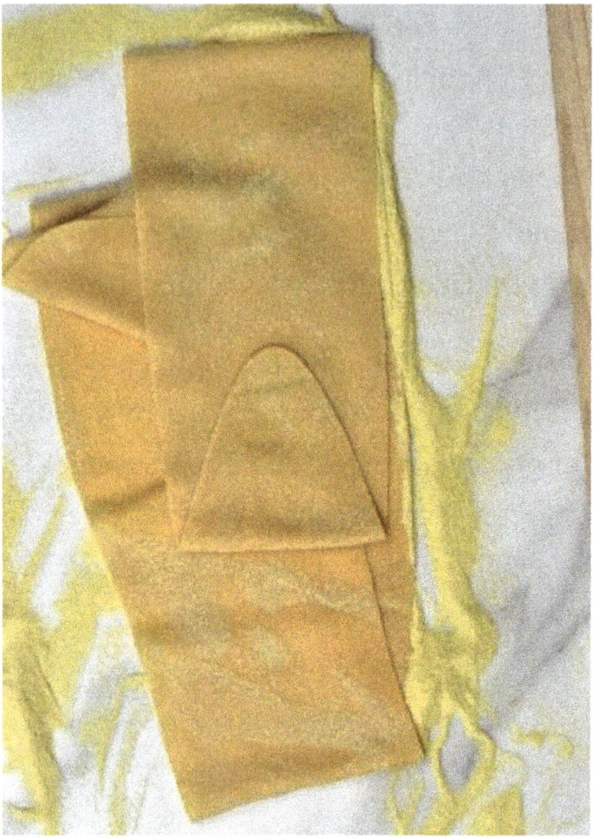

ERGIBT 1 LB (454 G)

Zutaten

- 2 Tassen (336 g) Grießmehl
- ½ Tasse (118 ml) warmes Wasser

Richtungen

a) Um den extrudierten Teig herzustellen, geben Sie das Grießmehl in den Boden des Extruders. Beginnen Sie bei laufendem Mixer langsam, das Wasser mit dem Mehl in den Boden zu gießen. Der Teig ist fertig zum Extrudieren, wenn er nassem Sand ähnelt. Es sieht krümelig aus und sollte zusammenkleben, wenn man es zwischen den Fingern drückt.

b) Extrudieren Sie die Nudeln gemäß den Anweisungen des Herstellers für die Maschine oder den Aufsatz.

NUDELN VON HAND

5. Fusilli mit geröstetem Blumenkohl

SERVIERTE 4-6

Zutaten

- Grießteig
- 1 großer Blumenkohl, in kleine Stücke geschnitten
- Olivenöl
- 1 Knoblauchzehe, in dünne Scheiben geschnitten
- Gemahlener roter Pfeffer, nach Geschmack
- Koscheres Salz
- Frisch gemahlener schwarzer Pfeffer
- 1 Laib frisches italienisches Brot, in 12 mm große Stücke geschnitten
- Olivenöl
- 1 Teelöffel getrocknete italienische Gewürze
- $\frac{1}{4}$ Tasse (45 g) geriebener Parmigiano-Reggiano
- Olivenöl

- 1 (1.6-oz [45-g]) Dose Sardellen, grob gehackt
- 1 Zitrone, Saft und Schale
- Petersilie, gehackt

Richtungen

a) Den Backofen auf 204 °C (400 °F) vorheizen und zwei Bleche mit Grießmehl bestäuben.

b) Für die Fusilli ein kleines Stück Grießteig abschneiden und den Rest des Teigs mit Frischhaltefolie abdecken. Rollen Sie das Teigstück zu einem etwa 6 mm dicken Seil. Schneiden Sie 6,4 cm große Teigstücke aus dem Seil. Legen Sie ein Stück geschnittenen Teig schräg und setzen Sie den Spieß an das untere Ende des Teigstückes, dann rollen Sie den Spieß von sich weg, bis der Teig ganz darum gewickelt ist. Nicht fest andrücken, sonst klebt der Teig am Spieß. Die Nudeln vorsichtig vom Spieß schieben und auf das mit Grieß bestäubte Blech legen. Lassen Sie es bis zum Kochen unbedeckt.

c) Die geschnittenen Blumenkohlstücke in einer Schüssel mit Olivenöl, in Scheiben geschnittenem Knoblauch, zerdrückter roter Paprika, Salz und frisch gemahlenem schwarzem Pfeffer vermischen. Auf eine Blechpfanne legen und etwa 25 Minuten backen oder bis sie weich sind.

d) Für die Semmelbrösel geschnittenes italienisches Brot auf ein Blech legen und mit Olivenöl, getrockneten italienischen Gewürzen, geriebenem Parmigiano-Reggiano, Salz und frisch gemahlenem schwarzem Pfeffer beträufeln. Etwa 10 Minuten backen oder bis sie knusprig sind. Legen Sie das Brot in eine Küchenmaschine und pulsieren Sie, bis es gerade gemahlen ist.

e) Bringen Sie einen großen Topf mit Salzwasser zum Kochen.

f) In der Zwischenzeit in einer großen Bratpfanne bei mittlerer Hitze einen Schuss Olivenöl, gehackte Sardellen, Blumenkohl und Zitronensaft hinzufügen.

Rühren, um zu kombinieren und warm zu halten, während die Pasta kocht.

g) Die Fusilli in das kochende Wasser geben und etwa 4 bis 5 Minuten al dente kochen. Die Fusilli mit dem Blumenkohl in die Bratpfanne geben und vermengen. Mit Salz und frisch gemahlenem Pfeffer würzen.

h) Zum Servieren die Nudeln auf Schüsseln verteilen. Mit Zitronenschale, Semmelbrösel und gehackter Petersilie garnieren.

6. Vollkorn-Cavatelli mit Champignons

SERVIERTE 4-6

Zutaten

- 1 Tasse (168 g) Grießmehl
- 1 Tasse (120 g) Vollkornmehl
- 1 Esslöffel (10 g) koscheres Salz
- ¾ Tasse (178 ml) warmes Wasser
- 8 oz (227 g) Ziegenkäse
- ¼ Tasse (59 ml) Sahne
- Olivenöl
- 1 Fenchelknolle, in dünne Scheiben geschnitten, Wedel zum Garnieren aufbewahren
- 1½ lb (680 g) Waldpilze
- Koscheres Salz
- Frisch gemahlener schwarzer Pfeffer
- 1 Tasse (237 ml) Weißwein

Richtungen

a) Zwei Bleche mit Grießmehl bestäuben.

b) Um den Teig zuzubereiten, befolgen Sie die Anweisungen für Grießteig. Für die Cavatelli ein kleines Stück Vollkornteig abschneiden und den Rest des Teigs mit Frischhaltefolie abdecken. Rollen Sie das Teigstück mit den Händen zu einem etwa 12 mm dicken Strang. Schneiden Sie 2,5 cm große Teigstücke aus dem Seil. Drücken Sie mit einem Buttermesser oder einem Schaber fest auf den Teigrand und ziehen Sie das Messer von sich weg, sodass sich der Teig auf sich selbst kräuseln kann. Legen Sie die Cavatelli auf das mit Grieß bestäubte Blech und lassen Sie sie bis zum Kochen offen.

c) Für die Ziegenkäse-Crema den Ziegenkäse und die Sahne in eine Schüssel geben. Schneebesen, bis alles gut vermischt und glatt ist.

d) In einer großen Bratpfanne bei starker Hitze einen Schuss Olivenöl, Fenchel, Waldpilze, Salz und frisch gemahlenen Pfeffer hinzufügen. Unter häufigem Rühren etwa 6 Minuten kochen lassen, bis der Fenchel und die Pilze karamellisiert sind. Weißwein dazugeben und auf die Hälfte einkochen lassen.

e) Einen großen Topf mit Salzwasser zum Kochen bringen. Die Cavatelli in das kochende Wasser geben und etwa 4 bis 5 Minuten al dente kochen. Die Cavatelli mit dem karamellisierten Fenchel und den Champignons in die Pfanne geben. Zum Kombinieren werfen.

f) Zum Servieren die Nudeln auf Schüsseln verteilen. Mit Ziegenkäse-Crema und Fenchelwedeln garnieren.

g) Rollen Sie den Teig zu einem etwa 1,3 cm dicken Strang und schneiden Sie ihn in 2,5 cm große Stücke.

h) Drücken Sie den Teigrand mit einem Schaber fest nach unten.

i) Ziehen Sie den Bankschaber von sich weg, damit sich der Teig einrollen kann.

7. Frascatelli mit Mais-Carbonara

SERVIERTE 4-6

Zutaten

- 2 Tassen (472 ml) Wasser
- 4 Tassen (672 g) Grießmehl
- 3 Tassen (711 ml) Vollmilch
- 1 Bund Thymian
- 4 Maiskolben, Kerne entfernt und reserviert
- 3 Eier
- Olivenöl
- $\frac{1}{4}$ Tasse (58 g) ungesalzene Butter
- 3 Lauch, in Scheiben geschnitten
- Koscheres Salz
- Frisch gemahlener schwarzer Pfeffer
- $\frac{1}{4}$ lb (113 g) Lardo, in 6-mm-Stücke geschnitten
- $\frac{1}{2}$ Tasse (90 g) geriebener Parmigiano-Reggiano

- Schnittlauch, in dünne Scheiben geschnitten

Richtungen

a) Für die Frascatelli eine Schüssel mit kaltem Wasser füllen. Ein Blech mit Backpapier auslegen und das Grießmehl auf ein anderes Blech geben. Tauchen Sie Ihre Fingerspitzen in das Wasser und lassen Sie die Wassertröpfchen mit Grieß auf die Pfanne fallen. Drehen Sie den Grieß vorsichtig mit einem Schaber auf sich selbst, um unregelmäßige, kieselgroße Teigstücke zu erhalten. Das Grießmehl mit den Teigstücken mit dem Schaber in ein Sieb geben. Schütteln Sie das Sieb vorsichtig, damit der Grieß zurück auf das Blech fallen kann und die Frascatelli übrig bleiben. Die Frascatelli in das mit Backpapier ausgelegte Blech geben. Fahren Sie mit dem Vorgang fort, bis nur noch sehr wenig Grieß übrig ist. Stellen Sie die Frascatelli bis zur Verwendung in den Gefrierschrank. Dadurch wird sichergestellt, dass die

Nudeln beim Kochen nicht auseinanderfallen.

b) In einem mittelgroßen Topf bei mittlerer Hitze Vollmilch, Thymian und Maiskolben hinzufügen. Zum Köcheln bringen und etwa 30 Minuten kochen lassen. Die Kolben wegwerfen und die Milch durch ein Sieb passieren. Lassen Sie die Milch abkühlen und fügen Sie dann die Eier hinzu und rühren Sie, bis alles gut vermischt ist.

c) Einen großen Topf mit Salzwasser zum Kochen bringen.

d) In einer großen Bratpfanne bei starker Hitze einen Schuss Olivenöl, Butter, Mais, Lauch, Salz und frisch gemahlenen Pfeffer hinzufügen. Unter häufigem Rühren etwa 5 Minuten kochen lassen, bis sie weich sind. Reduzieren Sie die Hitze auf niedrig.

e) Die Frascatelli in das kochende Wasser geben und etwa 1 bis 3 Minuten kochen, bis sie schwimmen.

f) Frascatelli und Lardo zusammen mit Mais und Lauch in die Pfanne geben. Toss, um zu kombinieren, und vom Herd nehmen. Beginnen Sie langsam und unter ständigem Rühren, die Ei-Milch-Mischung in die Pfanne zu geben, bis sie eindickt, etwa 2 Minuten. Den geriebenen Parmigiano-Reggiano dazugeben und vermengen.

g) Zum Servieren die Nudeln auf Schüsseln verteilen. Mit Schnittlauch und frisch gemahlenem schwarzem Pfeffer garnieren.

8. Ricotta Cavatelli mit Muscheln

SERVIERTE 4-6

Zutaten

- 1 Tasse (227 g) Ricotta
- $1\frac{1}{2}$ Tassen (191 g) 00 Mehl
- 2 Eier
- Koscheres Salz
- Frisch gemahlener schwarzer Pfeffer
- Olivenöl
- 1 Schalotte, in Scheiben geschnitten
- 1 Knoblauchzehe, gehackt
- 1 Fenchelknolle, halbiert, in Scheiben geschnitten, Wedel reserviert
- Gemahlener roter Pfeffer, nach Geschmack
- 3 lb (1,4 kg) Muscheln, geschrubbt
- 1 Zitrone, Saft und Schale
- $\frac{1}{4}$ Tasse (59 ml) trockener Wermut
- $\frac{1}{4}$ Tasse (58 g) ungesalzene Butter

- Koscheres Salz
- Frisch gemahlener schwarzer Pfeffer
- 1 Laib italienisches Brot, in Scheiben geschnitten
- Olivenöl
- Ricotta

Richtungen

a) Zwei Bleche mit Grießmehl bestäuben.

b) Für den Teig Ricotta, Mehl, Eier, Salz und frisch gemahlenen Pfeffer in einer Schüssel vermengen. Alles gut vermischen und auf eine leicht bemehlte Arbeitsfläche legen. Etwa 5 Minuten kneten. Für die Cavatelli ein kleines Stück Ricotta-Teig abschneiden und den Rest mit Frischhaltefolie abdecken. Rollen Sie das Teigstück mit den Händen zu einem etwa 12 mm dicken Strang. Schneiden Sie 2,5 cm große Teigstücke aus dem Seil. Drücken Sie mit einem Buttermesser oder einem Schaber fest auf den Teigrand und ziehen Sie das Messer von sich weg, sodass sich der

Teig auf sich selbst kräuseln kann. Legen Sie die Cavatelli auf das bemehlte Blech und lassen Sie sie bis zum Kochen offen im Kühlschrank.

c) Einen großen Topf mit Salzwasser zum Kochen bringen.

d) Um die Muscheln in einem Topf bei starker Hitze zu dämpfen, fügen Sie einen Schuss Olivenöl, Schalotten, Knoblauch, Fenchel und zerdrückte rote Paprika hinzu. Kochen Sie für ungefähr 2 Minuten oder bis sie weich sind. Dann die Muscheln, Zitronensaft, Schale, Wermut, Butter, Salz und frisch gemahlenen Pfeffer hinzufügen. Abdecken und kochen, bis sich die Muscheln öffnen, etwa 3 bis 5 Minuten

e) In der Zwischenzeit die Cavatelli in das kochende Wasser geben und etwa 2 bis 4 Minuten kochen, bis sie schwimmen. Das in Scheiben geschnittene italienische Brot mit Olivenöl beträufeln und im Ofen etwa 1 Minute auf jeder Seite braten oder bis es geröstet ist.

f) Die Cavatelli zu den Muscheln geben und verrühren.

g) Zum Servieren Nudeln und Muscheln auf Schüsseln verteilen. Mit einer Scheibe knusprigem italienischem Brot, Olivenöl, Fenchelwedeln und ein paar kleinen Klecksen Ricotta garnieren.

9. Pici mit Pecorino und Guanciale

SERVIERTE 4-6

Zutaten

- Grießteig
- 1 lb (454 g) Guanciale, in 12 mm große Stücke geschnitten
- Olivenöl
- Frisch gemahlener schwarzer Pfeffer
- Pecorino Romano, zum Reiben

Richtungen

a) Zwei Bleche mit Grießmehl bestäuben.

b) Für die Pici ein kleines Stück Grießteig abschneiden und den Rest des Teigs mit Frischhaltefolie abdecken. Rollen Sie das Teigstück mit den Händen zu einem etwa 6 mm dicken Seil. Schneiden Sie 15 cm lange Teigstücke aus dem Seil. Es ist normal, dass Pici unregelmäßige Längen und Dicken aufweisen. Legen Sie die Pici auf die mit Grieß bestäubte Blechpfanne und lassen Sie sie bis zum Kochen offen.

c) Einen großen Topf mit Salzwasser zum Kochen bringen.

d) In der Zwischenzeit die Guanciale in einer großen Bratpfanne bei mittlerer Hitze ca. 5 Minuten knusprig braten und das Fett austreten lassen. Die Pici in das kochende Wasser geben und etwa 3 bis 5 Minuten al dente kochen. Fügen Sie die Pici zum Guanciale hinzu und werfen Sie sie zum Kombinieren.

e) Zum Servieren die Pici auf Schüsseln verteilen. Mit einem Schuss Olivenöl, frisch gemahlenem schwarzem Pfeffer und geriebenem Pecorino Romano garnieren.

10. Capunti mit knusprigen Calamari & Burrata

SERVIERTE 4-6

Zutaten

- Grießteig
- Pflanzenöl, zum Braten
- 1 Tasse (125 g) Allzweckmehl
- 1 Tasse (168 g) Grießmehl
- 1 Tasse (170 g) Maismehl
- Koscheres Salz
- 1 lb (454 g) Calamari, in 12-mm-Ringe geschnitten
- Olivenöl
- 2 Knoblauchzehen, in Scheiben geschnitten
- 2 Pfund (907 g) Grünkohl
- Koscheres Salz
- Frisch gemahlener schwarzer Pfeffer
- $\frac{1}{4}$ lb (113 g) Burrata
- Italienische glatte Petersilie, gehackt

- 1 Zitrone, Saft und Schale

Richtungen

a) Zwei Bleche mit Grießmehl bestäuben.

b) Für die Capunti ein kleines Stück Grießteig abschneiden und den Rest mit Frischhaltefolie abdecken. Rollen Sie das Teigstück mit den Händen zu einem etwa 12 mm dicken Strang. Schneiden Sie 5 cm große Teigstücke aus dem Seil. Drücke mit drei Fingern fest auf den Teig und ziehe ihn über die Arbeitsfläche zu deinem Körper. Die Capunti auf das mit Grieß bestäubte Blech geben und bis zum Garen offen stehen lassen.

c) Einen großen Topf mit Salzwasser zum Kochen bringen.

d) Für die knusprigen Calamari Öl in einem Topf oder einer Fritteuse auf 204 °C erhitzen. In einer Schüssel das Allzweckmehl, Grieß, Maismehl und Salz vermischen. Die Calamari in Chargen in der trockenen Mischung ausbaggern und den Überschuss abschütteln, bevor Sie ihn in das erhitzte Öl fallen lassen. 2 Minuten goldbraun braten. Aus dem Öl nehmen und auf ein mit Küchenpapier ausgelegtes Blech legen. Mit Salz.

e) Die Capunti in das kochende Wasser geben und etwa 3 bis 5 Minuten al dente kochen

f) In der Zwischenzeit in einer Bratpfanne bei mittlerer Hitze einen Schuss Olivenöl, Knoblauch und Grünkohl hinzufügen. Mit Salz und frisch gemahlenem schwarzem Pfeffer würzen. Fügen Sie die gekochten Capunti hinzu und mischen Sie sie.

g) Zum Servieren die Nudeln auf Teller verteilen. Etwas von den knusprigen Calamari in jede Schüssel geben und mit Burrata, gehackter Petersilie, Olivenöl, Zitronensaft und -schale garnieren.

11. Malloreddus mit geschmortem Wild

SERVIERTE 4-6

Zutaten

- Olivenöl
- 4 lb (1,8 kg) Hirschschulter oder -keule
- Koscheres Salz
- Frisch gemahlener schwarzer Pfeffer
- 1 Karotte, gewürfelt
- 1 Stange Sellerie, gewürfelt
- 2 Zwiebeln, gewürfelt
- 1 Knoblauchzehe, gehackt
- 3 Esslöffel (48 g) Tomatenmark
- 1 Tasse (237 ml) Rotwein
- 3 Tassen (711 ml) Rinderbrühe
- 3 Zweige Thymian
- 1 Lorbeerblatt
- 1 Teelöffel Wacholderbeeren
- Grießteig
- Koscheres Salz

- Frisch gemahlener schwarzer Pfeffer
- Italienische glatte Petersilie, gehackt

Richtungen

a) Backofen auf 177 °C (350 °F) vorheizen. Um das Wild zu schmoren, erhitzen Sie einen großen Schmortopf mit Olivenöl bei starker Hitze. Wild mit Salz und frisch gemahlenem Pfeffer kräftig würzen. Das Wildbret in die Pfanne geben und braten, bis es braun ist, etwa 2 bis 3 Minuten pro Seite. Das Wild herausnehmen und beiseite stellen.

b) Reduzieren Sie die Hitze auf mittlere und fügen Sie die Karotten, den Sellerie, die Zwiebeln und den Knoblauch hinzu und kochen Sie, bis sie anfangen zu bräunen, etwa 5 Minuten. Fügen Sie das Tomatenmark hinzu und kochen Sie es etwa 2 Minuten lang unter häufigem Rühren, damit es nicht anbrennt.

c) Rotwein, Rinderfond, Thymian, Lorbeerblatt und Wacholderbeeren zugeben und aufkochen. Das Wild zurück in den Topf geben und zudecken. Legen

Sie es in den Ofen und kochen Sie es etwa $1\frac{1}{2}$ Stunden lang oder bis das Fleisch zart ist.

d) Für den Malloreddus 2 Bleche mit Grießmehl bestäuben und beiseite stellen. Schneiden Sie ein kleines Stück Grießteig ab und bedecken Sie den Rest des Teigs mit Plastikfolie. Rollen Sie das Teigstück mit den Händen zu einem etwa 12 mm dicken Strang. Schneiden Sie mit einer leichten Neigung 12 mm große Teigstücke aus dem Seil.

e) Üben Sie mit Ihrem Daumen nur auf die obere Hälfte des Pastastücks mit der Seite Ihres Daumens Druck aus und drücken Sie und schieben Sie es in Richtung der Unterseite einer Käsereibe. Legen Sie den Malloreddus auf die mit Grieß bestäubten Bleche und lassen Sie ihn bis zum Kochen offen.

f) Wenn das Wild gar ist, nehmen Sie es aus dem Topf und gießen Sie die Schmorflüssigkeit ab. Entsorgen Sie das Gemüse und die Kräuter. Die

Schmorflüssigkeit bei mittlerer Hitze köcheln lassen, bis sie um mehr als die Hälfte reduziert und eingedickt ist. Das Wildbret zerkleinern und mit der Schmorflüssigkeit wieder in den Topf geben. Warm halten.

g) Bringen Sie einen Topf mit Salzwasser zum Kochen. In der Zwischenzeit in einer großen Bratpfanne bei schwacher Hitze einen Schuss Olivenöl und etwas vom geschmorten Wildbret hinzufügen. Die Nudeln in das kochende Wasser geben und etwa 4 bis 6 Minuten al dente kochen. Die gekochten Nudeln und etwas Nudelwasser zum Wild geben. Umrühren und mit Salz und frisch gemahlenem schwarzem Pfeffer würzen.

h) Zum Servieren Nudeln und Wild auf Schüsseln verteilen. Mit gehackter Petersilie garnieren.

12. Cecamariti, Pancetta und Brüssel

SERVIERTE 4-6

Zutaten

- 1 Teelöffel (4 g) Instanthefe
- ½ Tasse (118 ml) warmes Wasser
- ⅛ Tasse (15 g) Weizenmehl
- ¾ Tasse (95 g) 00 Mehl
- ½ Teelöffel (3 g) koscheres Salz
- Olivenöl
- 8 oz (227 g) Pancetta, in 12 mm große Würfel geschnitten
- 1 lb (454 g) Rosenkohl, halbiert
- 3 Knoblauchzehen, in Scheiben geschnitten
- Koscheres Salz
- Frisch gemahlener schwarzer Pfeffer
- 16 schwarze Missionsfeigen, geviertelt
- ¼ Tasse (43 g) gehackte Haselnüsse, geröstet
- Balsamico Essig

Bestäuben Sie zwei Bleche mit 00 Mehl.

Richtungen

a) Für den Teig Hefe und warmes Wasser in eine Schüssel geben und ca. 5 Minuten ruhen lassen. Dann die Mehle und das Salz in die Schüssel geben und verrühren, bis der Teig gerade zusammenkommt. Den Teig zugedeckt etwa 15 Minuten ruhen lassen. Auf einer leicht bemehlten Fläche den Teig vorsichtig kneten. Den Teig in eine geölte Schüssel geben und abdecken. Lassen Sie den Teig etwa 1 Stunde ruhen.

b) Für die Cecamariti ein kleines Stück Teig abschneiden und den Rest des Teigs mit Frischhaltefolie abdecken. Rollen Sie das Teigstück mit den Händen zu einem etwa 12 mm dicken Strang. Schneiden Sie 12 mm große Teigstücke aus dem Seil. Rollen Sie das Stück mit den Fingern hin und her, bis es etwa 5 cm lang ist und eine spindelförmige Form hat. Legen Sie die Cecamariti auf das mit Mehl bestäubte Blech und lassen Sie sie bis zum Kochen offen.

c) Bringen Sie einen großen Topf mit Salzwasser zum Kochen.

d) Um den Rosenkohl zu rösten, in einer großen Pfanne bei starker Hitze etwas Olivenöl, den Pancetta, Rosenkohl und Knoblauch hinzufügen und mit Salz und frisch gemahlenem schwarzem Pfeffer würzen. Braten, bis sie zart sind; warm halten.

e) Die Cecamariti in das kochende Wasser geben und etwa 1 bis 3 Minuten kochen, bis sie schwimmen. Mit dem Rosenkohl in die Pfanne geben und vermengen.

f) Zum Servieren die Nudeln auf Schüsseln verteilen. Mit Feigen, Haselnüssen und einem Schuss Balsamico garnieren.

13. Trofie aus schwarzem Pfeffer mit Venusmuscheln

SERVIERTE 4-6

Zutaten

- Grießteig
- 2 Esslöffel (12 g) frisch gemahlener schwarzer Pfeffer
- Olivenöl
- 1 Fenchelknolle, halbiert, in dünne Scheiben geschnitten
- 3 Knoblauchzehen, gehackt
- 1 Schalotte, in Scheiben geschnitten
- 8 oz (227 g) süße italienische Wurst, aus der Hülle genommen
- 4 lb (1,8 kg) kleine Halsmuscheln
- 1 Zitrone, Saft und Schale
- 1 Tasse (237 ml) Weißwein
- $\frac{1}{4}$ Tasse (58 g) ungesalzene Butter
- Koscheres Salz
- Frisch gemahlener schwarzer Pfeffer

Richtungen

a) Zwei Bleche mit Grießmehl bestäuben.

b) Um den schwarzen Pfefferteig zuzubereiten, befolgen Sie die Anweisungen für Grießteig und mischen Sie den schwarzen Pfeffer mit den trockenen Zutaten.

c) Um den Trofi zuzubereiten, schneide ein kleines Stück schwarzen Pfefferteig ab und bedecke den Rest des Teigs mit Plastikfolie. Rollen Sie das Teigstück mit den Händen zu einem etwa 6 mm dicken Seil. Schneiden Sie 12 mm große Teigstücke aus dem Seil. Rollen Sie die Stücke mit den Händen nacheinander zu etwa 3 mm dicken und 7,6 cm langen Seilen. Drücken Sie den Rand mit der Handseite oder einem schräg zum Teig stehenden Schaber fest nach unten und ziehen Sie ihn zu Ihrem Körper. Dadurch erhält die Trofie ihre Spiralform. Legen Sie die Trofie auf die mit Grieß bestäubten Bleche und lassen Sie sie bis zum Kochen offen.

d) Einen großen Topf mit Salzwasser zum Kochen bringen.

e) Um die Muscheln in einem Topf bei starker Hitze zu dämpfen, fügen Sie einen Schuss Olivenöl, Fenchel, Knoblauch und Schalotte hinzu. Kochen Sie für ungefähr 2 Minuten oder bis sie weich sind. Fügen Sie die Wurst hinzu und brechen Sie sie im Topf auf. goldbraun kochen. Dann die Venusmuscheln, Zitronensaft, Schale, Weißwein, Butter, Salz und frisch gemahlenen Pfeffer hinzufügen. Bedecken Sie und kochen Sie, bis sich die Muscheln öffnen, ungefähr 5 bis 7 Minuten.

f) In der Zwischenzeit die Trofie in das kochende Wasser geben und etwa 1 bis 3 Minuten al dente kochen. Die Nudeln mit den Muscheln in den Topf geben und verrühren.

g) Zum Servieren Nudeln und Muscheln auf Schüsseln verteilen.

14. Lorighittas mit Erbstücktomaten

SERVIERTE 4-6

Zutaten

- Grießteig
- Olivenöl
- 8 oz (227 g) alte Tomaten, in Stücke geschnitten
- 1 Knoblauchzehe, in dünne Scheiben geschnitten
- 4 oz (113 g) 'nduja
- Koscheres Salz
- Frisch gemahlener schwarzer Pfeffer
- $\frac{1}{4}$ Tasse (45 g) ölgetrocknete schwarze Oliven, entkernt und gehackt
- Basilikum

Richtungen

a) Zwei Bleche mit Grießmehl bestäuben.

b) Für die Lorighittas ein kleines Stück Teig abschneiden und den Rest mit Frischhaltefolie abdecken. Rollen Sie das Teigstück mit den Händen zu einem etwa

1,5 mm dicken Seil. Wickeln Sie das Seil mit Ihren Händen zweimal um drei Finger (Zeige-, Mittel-, Ring) Ihrer rechten Hand. Den eingewickelten Teig zusammendrücken, damit er an sich klebt. Beginnen Sie nun mit dem Teig um Ihre Finger, um ihn zu einem verdrehten Zopf zu verweben. Legen Sie die Lorighittas auf die mit Grieß bestäubten Bleche und lassen Sie sie bis zum Kochen offen.

c) Einen großen Topf mit Salzwasser zum Kochen bringen.

d) In der Zwischenzeit in einer großen Bratpfanne bei mittlerer Hitze einen Schuss Olivenöl, Tomaten und Knoblauch hinzufügen. Etwa eine Minute kochen. Rühren Sie die 'Nduja ein und brechen Sie sie auf, bis sie schmilzt. Reduzieren Sie die Hitze auf niedrig und halten Sie sie warm.

e) Die Nudeln in das kochende Wasser geben und etwa 3 bis 4 Minuten al dente kochen. Die Nudeln mit den Tomaten in die Pfanne geben und vermengen. Mit

Salz und frisch gemahlenem schwarzem Pfeffer würzen.

f) Zum Servieren die Nudeln auf Schüsseln verteilen. Mit gehackten Oliven und Basilikum garnieren.

15. Orecchiette und Frikadellen

SERVIERTE 4-6

Zutaten

- Grießteig
- TOMATENSAUCE
- Olivenöl
- 3 Knoblauchzehen, gehackt
- 1 Tasse (237 ml) Rotwein
- 2 (28-oz [794-g]) Dosen zerdrückte Tomaten
- 1 Bund Basilikum
- Koscheres Salz
- Frisch gemahlener schwarzer Pfeffer
- FLEISCHKLÖSSCHEN
- 8 oz (227 g) Hackfleisch
- 8 oz (227 g) gemahlenes Kalbfleisch
- 8 oz (227 g) Hackfleisch
- 2 Eier
- ½ Tasse (60 g) Semmelbrösel

- 1 Tasse (180 g) geriebener Parmigiano-Reggiano
- 1 Bund italienische glatte Petersilie, gehackt
- 2 Knoblauchzehen, gehackt
- Gemahlener roter Pfeffer, nach Geschmack
- Koscheres Salz
- Frisch gemahlener schwarzer Pfeffer
- 2 Scheiben Weißbrot
- Parmigiano-Reggiano, zum Reiben
- Olivenöl
- Basilikum, zerrissen

Richtungen

a) Den Backofen auf 204 °C (400 °F) vorheizen und zwei Bleche mit Grießmehl bestäuben.

b) Um den Teig zuzubereiten, befolgen Sie die Anweisungen für Grießteig. Um die Orecchiette zuzubereiten, schneide ein kleines Stück Teig ab und bedecke den Rest des Teigs mit Plastikfolie. Rollen Sie das Teigstück mit den Händen zu einem etwa 12 mm breiten Seil. Schneiden Sie 12 mm große Teigstücke aus dem Seil. Drücken Sie mit einem Buttermesser fest auf den Teigrand und ziehen Sie das Messer zu sich heran. Während sich der Teig über das Messer rollt, entrollen Sie den Teig mit dem Daumen und formen Sie eine Kuppel (kleine Ohren). Legen Sie die Orecchiette auf das Blech und lassen Sie sie bis zum Kochen offen.

c) Um die Sauce zuzubereiten, in einem Topf bei mittlerer Hitze das Olivenöl und den Knoblauch hinzufügen und etwa eine Minute oder bis sie durchscheinend dünsten. Rotwein dazugeben und auf die Hälfte einkochen lassen. Dann die zerdrückten Tomaten, Basilikum, Salz und Pfeffer hinzufügen. Lassen Sie es auf niedriger Stufe köcheln, während Sie die Frikadellen zubereiten.

d) Um die Frikadellen zuzubereiten, in einer großen Schüssel Rinderhackfleisch, Kalbfleisch, Schweinefleisch, Eier, Semmelbrösel, Parmigiano-Reggiano, Petersilie, Knoblauch, zerdrückte rote Paprika, Salz und Pfeffer mischen. 2 Scheiben Weißbrot in Wasser einweichen und den Überschuss ausdrücken. Brot in die Schüssel geben und sehr gut vermischen. Formen Sie die Mischung mit den Händen zu 2,5 cm großen Kugeln. Sie sollten etwas kleiner als ein Golfball sein. Auf eine Pfanne geben und ohne Deckel etwa 15 Minuten backen. Die Fleischbällchen in die Sauce geben und etwa 30 Minuten weiterköcheln lassen.

e) Einen großen Topf mit Salzwasser zum Kochen bringen. Die Nudeln in das kochende Wasser geben und etwa 3 Minuten al dente kochen.

f) In einer Bratpfanne einen Schuss Olivenöl, die Nudeln, die Fleischbällchen und etwas Tomatensauce hinzufügen. Zum Kombinieren werfen.

g) Zum Servieren die Nudeln auf Schüsseln mit Fleischbällchen verteilen. Mit frisch geriebenem Parmigiano-Reggiano, Olivenöl und Basilikum garnieren.

16. Maccheroni di busa mit Brasciole

SERVIERTE 4-6

Zutaten

- Grießteig
- Olivenöl
- 3 Knoblauchzehen, gehackt
- 1 Zwiebel, klein gewürfelt
- 2 lb (907 g) Tomaten, gehackt
- 1 Bund Basilikum
- Koscheres Salz
- Frisch gemahlener schwarzer Pfeffer
- 2 lb (907 g) Rinderbrasciole (obere runde Steaks), dünn zerstoßen
- Gemahlener schwarzer Pfeffer
- 1 Tasse (180 g) geriebener Parmigiano-Reggiano
- 1 Bund italienische glatte Petersilie, gehackt
- Zahnstocher oder Küchengarn
- Parmigiano-Reggiano, zum Reiben

- 1 Bund Basilikum, zerrissen

Richtungen

a) Zwei Bleche mit Grießmehl bestäuben.

b) Um den Teig zuzubereiten, befolgen Sie die Anweisungen für Grießteig.

c) Für die Maccheroni di Busa ein kleines Stück Teig abschneiden und den Rest des Teigs mit Frischhaltefolie abdecken. Rollen Sie das Teigstück mit den Händen zu einem etwa 12 mm breiten Seil. Schneiden Sie 5 cm große Teigstücke aus dem Seil.

d) Mit einem Holzspieß in die Mitte des Teigs stecken und den Teig zusammendrücken, um den Spieß zu verschließen. Rollen Sie mit gleichmäßigem Druck mit der Handfläche hin und her, um den Teig zu versiegeln und eine röhrenartige Form zu erhalten. Legen Sie die Nudeln auf das Blech und lassen Sie sie bis zum Kochen offen.

e) Um die Sauce zuzubereiten, in einem Topf bei mittlerer Hitze das Olivenöl, den Knoblauch und die Zwiebel hinzufügen und etwa eine Minute oder bis sie glasig sind anbraten. Dann die gehackten Tomaten, Basilikum, Salz und frisch gemahlenen schwarzen Pfeffer hinzufügen. Lassen Sie die Sauce auf niedriger Stufe köcheln, während Sie die Brasciole zubereiten.

f) Für die Brasciole das Fleisch auf ein Schneidebrett legen und gleichmäßig ausklopfen. Streuen Sie großzügig Pfeffer, Parmigiano-Reggiano und Petersilie über jedes Stück und lassen Sie etwa 6 mm an den Rändern frei. Beginnen Sie an einem Ende, das Fleisch fest zu rollen. Mit einem Zahnstocher fixieren oder mit Küchengarn zusammenbinden.

g) In einer großen Bratpfanne Olivenöl darüberträufeln und die Brasciole von allen Seiten braun anbraten. Die gebräunten Brasciole in den Topf geben und mindestens 1 Stunde köcheln lassen.

h) Einen großen Topf mit Salzwasser zum Kochen bringen. Die Nudeln in das kochende Wasser geben und etwa 3 Minuten al dente kochen.

i) In eine Bratpfanne etwas Olivenöl, die Nudeln und etwas Tomatensauce geben. Zum Kombinieren werfen.

j) Zum Servieren die Nudeln mit Brasciole auf Schalen verteilen. Mit frisch geriebenem Parmigiano-Reggiano und Basilikum garnieren.

17. Gnocchetti mit Garnelen & Pesto

SERVIERTE 4-6

Zutaten

- Grießteig
- PISTAZIENPESTO
- 1 Tasse (150 g) Pistazien
- 1 Bund Minze
- 1 Knoblauchzehe
- ½ Tasse (50 g) geriebener Pecorino Romano
- ½ Tasse (118 ml) Olivenöl
- Koscheres Salz
- Frisch gemahlener schwarzer Pfeffer
- 8 oz (227 g) Favabohnen
- Olivenöl
- 3 Knoblauchzehen, gehackt
- 2 lb (907 g) große Garnelen, gereinigt
- Gemahlener roter Pfeffer, nach Geschmack

- Koscheres Salz
- Frisch gemahlener schwarzer Pfeffer
- $\frac{1}{4}$ Tasse (59 ml) Weißwein
- 1 Zitrone, geschält

Richtungen

a) Zwei Bleche mit Grießmehl bestäuben.

b) Für die Gnocchetti ein kleines Stück Teig abschneiden und den Rest des Teigs mit Frischhaltefolie abdecken. Rollen Sie das Teigstück mit den Händen zu einem etwa 12 mm dicken Strang. Schneiden Sie 12 mm große Teigstücke aus dem Seil. Drücken Sie das Teigstück mit dem Daumen vorsichtig auf ein Gnocchibrett und rollen Sie es so von Ihrem Körper weg, dass eine leichte Vertiefung entsteht. Die Gnocchetti auf die mit Grieß bestäubten Bleche legen und bis zum Garen offen stehen lassen.

c) Für das Pistazienpesto in einer Küchenmaschine Pistazien, Minze, Knoblauch, Pecorino Romano, Olivenöl,

Salz und frisch gemahlenen schwarzen Pfeffer hinzufügen und pürieren.

d) Bereiten Sie eine Schüssel mit Eiswasser vor. Die Favabohnen aus der Schote nehmen. Blanchieren Sie die Favabohnen, indem Sie sie etwa 1 Minute in kochendem Wasser kochen, bis sie weich sind. Aus dem Wasser nehmen und ins Eisbad stellen. Wenn es abgekühlt ist, aus dem Wasser nehmen und in einer Schüssel beiseite stellen. Entfernen Sie die wachsartige äußere Schicht der Bohne und entsorgen Sie sie.

e) Einen großen Topf mit Salzwasser zum Kochen bringen. In der Zwischenzeit in einer großen Bratpfanne bei starker Hitze einen Schuss Olivenöl, Knoblauch, Garnelen, zerdrückten roten Pfeffer, Salz und frisch gemahlenen schwarzen Pfeffer hinzufügen. Während die Garnelen kochen, die Nudeln in das kochende Wasser geben und etwa 3 bis 4 Minuten al dente kochen. Die Nudeln mit Weißwein in die Pfanne geben und kochen lassen, bis der Wein auf die Hälfte reduziert ist, etwa eine Minute.

f) Zum Servieren die Nudeln auf Schüsseln verteilen. Mit Zitronenschale und Pistazienpesto garnieren.

18. Ciciones mit Linseneintopf

SERVIERTE 4-6

Zutaten

- Grießteig
- 6-8 Safranfäden
- 1 Tasse (200 g) getrocknete Linsen
- Olivenöl
- 1 Zwiebel, klein gewürfelt
- 1 Karotte, klein gewürfelt
- 1 Stange Sellerie, klein gewürfelt
- 2 Knoblauchzehen, in Scheiben geschnitten
- ¼ Tasse (59 ml) Rotwein
- 1½ Tassen (355 ml) Gemüsebrühe
- 1 (28-oz [794-g]) Dose zerdrückte San Marzano Tomaten
- 1 Lorbeerblatt
- Koscheres Salz
- Frisch gemahlener schwarzer Pfeffer

19. Casarecce mit Artischocken & Scamorza

SERVIERTE 4-6

Zutaten

- Grießteig
- 2 Pfund (907 g) Baby-Artischocken
- Olivenöl
- Koscheres Salz
- Frisch gemahlener schwarzer Pfeffer
- $\frac{1}{4}$ Tasse (58 g) ungesalzene Butter
- Zitrone, Saft und Schale
- Scamorza, zum Reiben
- Gehackte Petersilie

Richtungen

a) Den Backofen auf 204 °C (400 °F) vorheizen und zwei Bleche mit Grießmehl bestäuben.

b) Für die Casarecce ein kleines Stück Teig abschneiden und den Rest des Teigs mit Frischhaltefolie abdecken. Rollen Sie das Teigstück mit den Händen zu einem etwa 12 mm dicken Strang. Schneiden Sie 5 cm große Teigstücke aus dem Seil. Mit einem Holzspieß in die Mitte des Teiges stecken und leicht andrücken und die Hände in entgegengesetzte Richtungen bewegen. Der Teig rollt sich über den Spieß und erzeugt ein verdrehtes Aussehen. Entfernen Sie vorsichtig den Spieß und legen Sie die Casarecce auf die mit Grieß bestäubten Bleche und lassen Sie sie bis zum Kochen offen.

c) Bereiten Sie die Artischocken vor, indem Sie die äußeren Schichten schälen, bis Sie die hellgrünen inneren Blätter erreichen. Etwa 2,5 cm von der Oberseite abschneiden und dann die Artischocken der Länge nach halbieren. Füllen Sie eine große Schüssel mit Wasser und drücken Sie den Saft von 1 Zitrone in die Schüssel, werfen Sie auch die Zitronenhälften hinein. Die geschnittenen Artischocken in die Schüssel mit Zitronenwasser geben. Wenn alle Artischocken sauber sind, gut abtropfen lassen und auf ein Blech legen. Mit Olivenöl, Salz und frisch gemahlenem

Pfeffer beträufeln und ca. 25 bis 30 Minuten knusprig rösten.

d) Einen großen Topf mit Salzwasser zum Kochen bringen. Währenddessen in einer großen Bratpfanne bei mittlerer Hitze Butter, Zitronensaft und Zitronenschale zugeben.

e) Die Casarecce in das kochende Wasser geben und etwa 4 bis 6 Minuten al dente kochen. Die Nudeln und Artischocken mit der Butter in die Pfanne geben und vermengen. Mit Salz und frisch gemahlenem schwarzem Pfeffer würzen.

f) Zum Servieren die Nudeln auf Schüsseln verteilen. Mit geriebenem Scamorza und gehackter Petersilie garnieren.

20. Mezzi Paccheri mit Erbsen

SERVIERTE 4-6

Zutaten

- Grießteig
- Olivenöl
- 1 Zwiebel, klein gewürfelt
- 3 Knoblauchzehen, gehackt
- 2 Tassen (302 g) Erbsen
- 2 (28-oz [794-g]) Dosen zerdrückte Tomaten
- 1 Teelöffel zerstoßene rote Paprika
- Koscheres Salz
- Frisch gemahlener schwarzer Pfeffer
- Basilikum, zerrissen
- Parmigiano-Reggiano, zum Reiben

Richtungen

a) Zwei Bleche mit Grießmehl bestäuben.

b) Für die Mezzi Paccheri ein kleines Stück Teig abschneiden und den Rest mit Frischhaltefolie abdecken. Rollen Sie das

Teigstück mit den Händen zu einem etwa 2,5 cm dicken Seil. Schneiden Sie 2,5 cm große Teigstücke aus dem Seil. Rollen Sie die geschnittenen Stücke mit einem Nudelholz 1,6 mm dick aus. Legen Sie den Griff eines Holzlöffels der Länge nach an den Rand des Blattes und beginnen Sie, das Blatt über den Griff zu rollen. Mit der Handfläche Druck ausüben, hin und her rollen, um zu versiegeln und eine kurze schlauchartige Form zu bilden. Entfernen Sie vorsichtig den Griff und legen Sie die Paccheri auf die mit Grieß bestäubten Bleche und lassen Sie sie bis zum Kochen offen.

c) Um die Sauce zuzubereiten, in einem mittelgroßen Topf bei mittlerer Hitze einen Schuss Olivenöl hinzufügen und die Zwiebel und den Knoblauch etwa 3 Minuten anbraten, bis sie gerade durchscheinend sind. Dann die Erbsen, die zerdrückten Tomaten und die zerdrückte rote Paprika hinzufügen. Mit Salz und frisch gemahlenem schwarzem Pfeffer würzen. Hitze auf niedrige

Stufe reduzieren und etwa 30 Minuten köcheln lassen.

d) Einen großen Topf mit Salzwasser zum Kochen bringen. Die Nudeln in das Wasser geben und etwa 3 bis 4 Minuten al dente kochen. Die Nudeln mit der Sauce vermengen und gut vermischen.

e) Zum Servieren die Nudeln auf Schüsseln verteilen. Mit frisch geriebenem Basilikum und geriebenem Parmigiano-Reggiano garnieren.

21. Strozzapreti mit Krabben

SERVIERTE 4-6

Zutaten

- Grießteig
- 8 oz (227 g) grüne Tomaten
- Olivenöl
- 3 Knoblauchzehen, in Scheiben geschnitten
- Gemahlener roter Pfeffer, nach Geschmack
- 8 oz (227 g) Krabbenfleisch, darüber gepflückt
- Koscheres Salz
- Frisch gemahlener schwarzer Pfeffer
- Basilikum, in dünne Scheiben geschnitten
- 1 Zitrone, geschält

Richtungen

a) Zwei Bleche mit Grießmehl bestäuben.

b) Für die Strozzapreti den Teig in vier Teile teilen. Ein Stück auf eine leicht bemehlte Arbeitsfläche legen und den

Rest des Teigs mit Frischhaltefolie abdecken. Beginnen Sie, den Teig auszurollen, bis er etwa 8 mm dick ist. Den ausgerollten Teig mit einem Messer in 4 cm breite Streifen schneiden. Um die Strozzapreti zu formen, nimm einen Streifen und lege ihn zwischen deine Handflächen. Reiben Sie den Teig mit einer sanften Hin- und Herbewegung zwischen Ihren Händen, um eine gedrehte, röhrenartige Form zu erhalten. Den ausgerollten Teig abreißen und zusammendrücken, um 10 cm große Stücke zu erhalten. Legen Sie die Strozzapreti auf das mit Grieß bestäubte Blech und lassen Sie es bis zum Kochen offen.

c) Um die grünen Tomaten zuzubereiten, einen mittelgroßen Topf mit Wasser zum Kochen bringen. Die Tomaten entkernen und mit einem scharfen Messer die Unterseite der Tomate mit einem X einritzen. Eine mit Eiswasser gefüllte Schüssel vorbereiten. Die Tomaten in das kochende Wasser geben und nach etwa 30 Sekunden herausnehmen. Legen Sie sie in die Schüssel mit Eiswasser. Wenn die Tomaten abgekühlt sind, schälen und hacken Sie sie.

d) Einen großen Topf mit Salzwasser zum Kochen bringen.

e) In einer großen Bratpfanne bei starker Hitze einen Schuss Olivenöl, grüne Tomaten, Knoblauch und zerdrückte rote Paprika hinzufügen. Etwa 2 Minuten kochen lassen, dabei häufig schwenken. Die Krabben dazugeben und mit Salz und Pfeffer würzen. Warm halten.

f) Die Strozzapreti in das kochende Wasser geben und etwa 3 bis 4 Minuten al dente kochen. Die Nudeln zu den grünen Tomaten geben und vermengen.

g) Zum Servieren die Nudeln auf Schüsseln und Lemls verteilen. Mit Basilikum, Olivenschale garnieren.

GNOCCHI UND GNUDI

22. Eigelb-Gnudi mit Trüffel

SERVIERTE 4-6

Zutaten

- 2 Tassen (454 g) Ricotta-Käse
- 4 Eigelb
- 1 Tasse (180 g) geriebener Parmigiano-Reggiano
- Koscheres Salz
- Frisch gemahlener schwarzer Pfeffer
- ½ Tasse (64 g) 00 Mehl, plus mehr zum Bestäuben
- ½ Tasse (115 g) ungesalzene Butter
- Koscheres Salz
- Frisch gemahlener schwarzer Pfeffer
- Parmigiano-Reggiano, gerieben
- 1 frischer schwarzer Trüffel, rasiert

Richtungen

a) Bestäuben Sie zwei Bleche mit 00 Mehl.

b) Für den Gnudi Ricotta, Eigelb, Parmigiano-Reggiano, Salz und schwarzen

Pfeffer in einer Schüssel gut vermischen. Fügen Sie das 00-Mehl hinzu und rühren Sie, bis es sich gerade vermischt hat und die Mischung zusammenkommt. Mit zwei großen Esslöffeln den Teig zu Fußballformen formen und auf die bemehlten Bleche legen. Mit mehr Mehl bestäuben. Achte darauf, dass sich die Gnudi nicht berühren, sonst kleben sie zusammen. Bis zur Verwendung kühl stellen.

c) Einen großen Topf mit Salzwasser zum Kochen bringen.

d) In der Zwischenzeit die Butter in einer großen Bratpfanne bei mittlerer Hitze schmelzen.

e) Sobald das Wasser schnell kocht, die Hitze auf ein Köcheln reduzieren und die Eigelb-Gnudi vorsichtig in das Wasser geben und etwa 1 bis 2 Minuten kochen lassen oder bis sie schwimmen. Gnudi mit einem Schaumlöffel in die Pfanne mit der geschmolzenen Butter geben. Mit Salz und frisch gemahlenem schwarzem Pfeffer würzen.

f) Zum Servieren Gnudi auf Schalen verteilen. Mit frisch geriebenem Parmigiano-Reggiano und Trüffelspänen garnieren.

23. Kürbisgnocchi mit Pancetta

SERVIERTE 4-6

Zutaten

- ½ Tasse (114 g) Ricotta-Käse
- ½ Tasse (90 g) Kürbispüree
- 2 Eier
- 3 Tassen (381 g) 00 Mehl
- ½ Teelöffel gemahlener Ingwer
- 1 Teelöffel Muskatnuss, gerieben
- ½ Teelöffel gemahlene Nelken
- 1 Esslöffel (8 g) Zimt
- ½ Teelöffel Piment
- Koscheres Salz
- Frisch gemahlener schwarzer Pfeffer
- Natives Olivenöl extra
- 8 oz (227 g) Mangold, Stiele entfernt
- ½ Tasse (50 g) geriebener Pecorino Romano
- 2 Knoblauchzehen

- 1 Bund Basilikum
- ½ Tasse (63 g) Pignoli-Nüsse, geröstet
- Koscheres Salz
- Frisch gemahlener schwarzer Pfeffer
- 1 Tasse (237 ml) Olivenöl
- 8 oz (227 g) Pancetta, in 12 mm große Stücke geschnitten
- Pecorino Romano

Richtungen

a) Bestäuben Sie zwei Bleche mit 00 Mehl.

b) Für den Gnocchi-Teig Ricotta, Kürbispüree und Eier in einer Schüssel gut verrühren. In einer separaten Schüssel das 00-Mehl, Ingwer, geriebene Muskatnuss, Nelken, Zimt, Piment, Salz und frisch gemahlenen schwarzen Pfeffer mischen.

c) Die Mehlmischung zu der Kürbis-Ricotta-Mischung geben und verrühren, bis sich die Mischung gerade verbunden hat und eine Kugel bildet.

d) Auf einer leicht bemehlten Arbeitsfläche den Teig etwa 3 Minuten leicht kneten.

e) Für die Gnocchi ein kleines Stück Kürbisteig abschneiden und den Rest mit Frischhaltefolie abdecken. Rollen Sie das Teigstück mit den Händen zu einem etwa 2,5 cm breiten Seil. Schneiden Sie 2,5 cm große Teigstücke aus dem Seil. Mit einem Gnocchibrett oder einer Gabel die geschnittenen Gnocchi vorsichtig über das Brett rollen, um eine strukturierte Oberfläche zu bilden.

f) Die Kürbis-Gnocchi auf die bemehlten Bleche legen und darauf achten, dass sich die Gnocchi nicht berühren, sonst kleben sie zusammen. Bis zur Verwendung kühl stellen.

g) Um das Mangold-Pesto zuzubereiten, eine große Bratpfanne mit einem Schuss Olivenöl extra vergine bestreichen, den Mangold dazugeben und dünsten, bis er zusammenfällt.

h) In einer Küchenmaschine den welken Mangold, Pecorino Romano, Knoblauch, Basilikum, Pignoli-Nüsse, Salz und frisch gemahlenen schwarzen Pfeffer hinzufügen. Das Olivenöl langsam einfüllen und pürieren.

i) Einen großen Topf mit Salzwasser zum Kochen bringen.

j) In der Zwischenzeit in einer großen Bratpfanne bei mittlerer Hitze den Pancetta dazugeben und etwa 5 Minuten braten, bis das Fett vollständig ausgegangen und knusprig ist.

k) Die Gnocchi vorsichtig in das kochende Wasser legen und etwa 2 bis 3 Minuten kochen, bis sie schwimmen. Mit einem Schaumlöffel die Kürbis-Gnocchi in die Pancetta-Pfanne geben und vermischen.

l) Zum Servieren die Gnocchi auf Schüsseln verteilen. Mit frisch geriebenem Pecorino Romano und Mangoldpesto garnieren.

24. Süßkartoffelgnocchi mit Prosciutto

SERVIERTE 4-6

Zutaten

- 1 lb (455 g) Süßkartoffeln, längs halbiert
- Olivenöl
- Koscheres Salz
- Frisch gemahlener schwarzer Pfeffer
- 1 Tasse (180 g) geriebener Parmigiano-Reggiano
- 1 Tasse (227 g) Ricotta-Käse
- 2 Tassen (254 g) 00 Mehl, plus mehr zum Bestäuben
- 4 oz (113 g) Prosciutto di Parma, in dünne Scheiben geschnitten
- $\frac{1}{2}$ Tasse (115 g) ungesalzene Butter
- 3 Zweige Thymian
- Koscheres Salz
- Frisch gemahlener schwarzer Pfeffer
- Parmesankäse

- $\frac{1}{4}$ Tasse (30 g) gehackte Pekannüsse, geröstet

Richtungen

a) Den Ofen auf 204 °C (400 °F) vorheizen und zwei Bleche mit 00 Mehl bestäuben.

b) Für den Gnocchi-Teig die Kartoffeln mit Olivenöl beträufeln und mit Salz und frisch gemahlenem schwarzem Pfeffer würzen. Mit der Schnittfläche nach unten auf eine Blechpfanne legen und etwa 30 Minuten braten, bis eine Gabel zart ist.

c) Beiseite stellen, bis es kühl genug zum Anfassen ist. Das Fruchtfleisch aus den Schalen schöpfen, das Fruchtfleisch durch eine Kartoffelpresse (oder mit dem Gabelrücken) passieren und die pürierte Süßkartoffel, den geriebenen Parmigiano-Reggiano, den Ricotta, das koschere Salz und den frisch gemahlenen schwarzen Pfeffer in einer Schüssel mischen bis gut kombiniert. Fügen Sie das 00-Mehl hinzu und rühren Sie, bis es sich gerade vermischt hat und die Mischung eine Kugel bildet. Auf einer leicht bemehlten Arbeitsfläche den Teig etwa 3 Minuten leicht kneten.

d) Für die Gnocchi ein kleines Stück Süßkartoffelteig abschneiden und den Rest mit Frischhaltefolie abdecken. Rollen Sie das Teigstück mit den Händen zu einem etwa 2,5 cm breiten Seil. Schneiden Sie 2,5 cm große Teigstücke aus dem Seil. Rollen Sie die geschnittenen Gnocchi mit einem Gnocchibrett oder einer Gabel vorsichtig über das Brett, bis eine strukturierte Oberfläche entsteht. Die Süßkartoffel-Gnocchi auf die bemehlten Bleche legen und darauf achten, dass sich die Gnocchi nicht berühren, sonst kleben sie zusammen. Bis zur Verwendung kühl stellen.

e) Den Prosciutto auf ein mit Backpapier ausgelegtes Blech legen und ca. 6 Minuten knusprig backen.

f) Einen großen Topf mit Salzwasser zum Kochen bringen. In der Zwischenzeit in einer großen Bratpfanne bei mittlerer bis niedriger Hitze die Butter und den Thymian hinzufügen und etwa 3 bis 4 Minuten braten, bis sie braun sind und ein nussiges Aroma haben. Thymianzweige entfernen und entsorgen.

g) Die Gnocchi vorsichtig in das kochende Wasser legen und etwa 2 bis 3 Minuten kochen, bis sie schwimmen. Mit einem Schaumlöffel die Süßkartoffelgnocchi in die braune Butter geben und vermengen. Mit Salz und frisch gemahlenem schwarzem Pfeffer würzen. Zum Servieren die Gnocchi auf Teller verteilen. Mit frisch geriebenem Parmigiano-Reggiano, zerbröckeltem Parmaschinken und gehackten Pekannüssen garnieren.

25. Rampengnudi und Grana Padano

SERVIERTE 4-6

Zutaten

- Olivenöl
- 2½ lb (1,1 kg) Rampen, gehackt
- 2 Tassen (454 g) Ricotta-Käse
- 2 Eier
- 1 Tasse (100 g) geriebener Grana Padano
- Koscheres Salz
- Frisch gemahlener schwarzer Pfeffer
- ½ Tasse (64 g) 00 Mehl, plus mehr zum Bestäuben
- ½ Tasse (115 g) ungesalzene Butter
- 1 Bund Thymian
- Koscheres Salz
- Frisch gemahlener schwarzer Pfeffer
- Grana Padano

Richtungen

a) Bestäuben Sie zwei Bleche mit 00 Mehl.

b) Um den Gnudi zuzubereiten, in einer Bratpfanne bei starker Hitze einen Schuss Olivenöl und gehackte Rampen hinzufügen. Kochen, bis es zusammenfällt, etwa 1 bis 2 Minuten. In einer Schüssel die welken Rampen, Ricotta, Eier, Grana Padano, Salz und frisch gemahlenen schwarzen Pfeffer gut vermischen. Fügen Sie das 00-Mehl hinzu und rühren Sie, bis es sich gerade vermischt hat und die Mischung eine Kugel bildet. Formen Sie die Mischung mit Ihren Händen oder einem kleinen Löffel zu 2,5 cm großen Kugeln (etwas kleiner als ein Golfball) und legen Sie sie auf die bemehlten Bleche. Mit mehr Mehl bestäuben. Achte darauf, dass sich die Gnudi nicht berühren, sonst kleben sie zusammen. Bis zur Verwendung kühl stellen.

c) Einen großen Topf mit Salzwasser zum Kochen bringen.

d) In der Zwischenzeit in einer großen Bratpfanne bei mittlerer Hitze die Butter und den Thymian hinzufügen und etwa 10 bis 12 Minuten braten, bis sie braun sind und ein nussiges Aroma haben.

e) Sobald das Wasser schnell kocht, die Hitze auf ein Köcheln reduzieren und die Gnudi vorsichtig in das Wasser geben und etwa 1 bis 2 Minuten kochen lassen oder bis sie schwimmen. Mit einem Schaumlöffel die Rampengnudi mit brauner Butter in die Pfanne geben. Mit Salz und frisch gemahlenem schwarzem Pfeffer würzen.

f) Zum Servieren Gnudi auf Teller verteilen. Mit frisch geriebenem Grana Padano garnieren.

26. Rübengnocchi mit Schafsricotta

SERVIERTE 4-6

Zutaten

- 1 lb (454 g) Rote Bete, geschrubbt und geschält, geviertelt
- Olivenöl
- Koscheres Salz
- Frisch gemahlener schwarzer Pfeffer
- 2 Tassen (454 g) Schafsmilch-Ricotta
- 3 Eier
- 1 Tasse (180 g) geriebener Parmigiano-Reggiano
- 1 Tasse (127 g) 00 Mehl, plus mehr zum Bestäuben
- $\frac{1}{4}$ Tasse (58 g) ungesalzene Butter
- 6 Salbeiblätter
- Koscheres Salz
- Frisch gemahlener schwarzer Pfeffer
- Parmesankäse

Den Ofen auf 204 °C (400 °F) vorheizen und zwei Bleche mit 00 Mehl bestäuben.

Richtungen

a) Für die Gnocchi Rüben auf ein Blech legen und mit Olivenöl beträufeln und mit koscherem Salz und frisch gemahlenem schwarzem Pfeffer würzen. Braten, bis die Gabel-zart ist, etwa 45 Minuten.

b) Beiseite stellen, bis es kühl genug zum Anfassen ist. Die Rüben durch eine Kartoffelpresse (oder mit dem Gabelrücken zerdrücken) passieren und die Rüben, den Schafskäse, die Eier, den Parmigiano-Reggiano, das koschere Salz und den frisch gemahlenen schwarzen Pfeffer in einer Schüssel gut vermischen. Fügen Sie das 00-Mehl hinzu und rühren Sie, bis es sich gerade vermischt hat und die Mischung eine Kugel bildet.

c) Für die Gnocchi ein kleines Stück Rübenteig abschneiden und den Rest mit Frischhaltefolie abdecken. Rollen Sie das Teigstück mit den Händen zu einem etwa 2,5 cm breiten Seil. Schneiden Sie 2,5 cm große Teigstücke aus dem Seil. Rollen Sie die geschnittenen Gnocchi mit einem Gnocchibrett vorsichtig über das Brett, um eine strukturierte Oberfläche zu bilden (oder verwenden Sie eine Gabel). Rüben-Gnocchi auf ein bemehltes Blech geben und darauf achten, dass sich die Gnocchi nicht berühren, sonst kleben sie zusammen. Bis zur Verwendung kühl stellen.

d) In einer großen Bratpfanne bei mittlerer Hitze die Butter hinzufügen und etwa 3 bis 4 Minuten braten, bis sie braun ist und ein nussiges Aroma hat. Die Salbeiblätter hinzufügen.

e) Einen großen Topf mit Salzwasser zum Kochen bringen.

f) Sobald das Wasser schnell kocht, die Hitze etwas reduzieren und die Gnocchi vorsichtig in das Wasser legen und etwa 1 bis 2 Minuten kochen lassen oder bis sie schwimmen. Die Rüben-Gnocchi mit einem Schaumlöffel mit brauner Butter und Salbei in die Pfanne geben. Mit Salz und frisch gemahlenem schwarzem Pfeffer würzen.

g) Zum Servieren die Gnocchi auf Teller verteilen. Mit frisch geriebenem Parmigiano-Reggiano garnieren.

27. Safrangnocchi mit pochiertem Hummer

SERVIERTE 4-6

Zutaten

- 2½ lb (1,1 kg) rostrote Kartoffeln
- Olivenöl
- Koscheres Salz
- Frisch gemahlener schwarzer Pfeffer
- 1 Ei
- 6-8 Safranfäden
- 1 Tasse (227 g) Ricotta-Käse
- 1½ Tassen (191 g) 00 Mehl, plus mehr zum Bestäuben
- Olivenöl
- 1 Knoblauchzehe, gehackt
- 1 (28-oz [794-g]) Dose zerdrückte Tomaten
- Gemahlener roter Pfeffer, nach Geschmack
- BUTTER POSCHIERTER HUMMER

- 2 ($1\frac{1}{2}$-lb [680-g]) Hummer oder 3 Hummerschwänze
- 2 Tassen (460 g) ungesalzene Butter
- 2 Esslöffel (30 ml) Vanille
- 1 Knoblauchzehe, zerdrückt
- 1 Bund Estragon
- Estragon, gehackt
- 1 Zitrone, geschält

Richtungen

a) Den Ofen auf 204 °C (400 °F) vorheizen und zwei Bleche mit 00 Mehl bestäuben.

b) Für den Gnocchi-Teig die Kartoffeln mit Olivenöl beträufeln und mit koscherem Salz und frisch gemahlenem schwarzem Pfeffer würzen. Legen Sie sie mit der Schnittseite nach unten auf eine Blechpfanne und braten Sie sie etwa 30 Minuten lang, bis sie gabelzart sind. In einer Schüssel das Ei verquirlen, die Safranfäden dazugeben und etwa 3 bis 4 Minuten ziehen lassen. Wenn die Kartoffeln kühl genug sind, um sie anfassen zu können, das Fruchtfleisch aus den Schalen schöpfen und das Fruchtfleisch durch eine Kartoffelpresse geben (oder mit dem Gabelrücken zerdrücken).

c) Kartoffelpüree, Ricotta, Ei-Safran-Mischung, koscheres Salz und frisch gemahlenen schwarzen Pfeffer in einer Schüssel gut vermischen. Fügen Sie das 00-Mehl hinzu und rühren Sie, bis es sich gerade vermischt hat und die Mischung eine Kugel bildet. Auf einer leicht bemehlten Arbeitsfläche den Teig etwa 3 Minuten leicht kneten.

d) Für die Gnocchi ein kleines Stück Safranteig abschneiden und den Rest mit Frischhaltefolie abdecken. Rollen Sie das Teigstück mit den Händen zu einem etwa 2,5 cm breiten Seil. Schneiden Sie 2,5 cm große Teigstücke aus dem Seil. Rollen Sie die geschnittenen Gnocchi mit einem Gnocchibrett vorsichtig über das Brett, bis eine strukturierte Oberfläche entsteht (Sie können auch eine Gabel verwenden). Die Safrangnocchi auf ein bemehltes Blech legen und darauf achten, dass sich die Gnocchi nicht berühren, sonst kleben sie zusammen. Bis zur Verwendung kühl stellen.

e) Um die Sauce zuzubereiten, in einem Topf bei mittlerer Hitze etwas Olivenöl und Knoblauch hinzufügen und etwa eine Minute kochen lassen. Fügen Sie die Dose zerdrückte Tomaten und rote Paprikaflocken hinzu. Mit Salz und frisch gemahlenem schwarzem Pfeffer abschmecken. Lassen Sie die Sauce etwa 30 Minuten ohne Deckel köcheln.

f) Für den in Butter pochierten Hummer einen großen Topf mit Wasser zum Kochen bringen. Den Hummer in den Topf geben, abdecken und 4 Minuten kochen lassen. Hummer herausnehmen und beiseite stellen, bis sie zum Anfassen kühl genug sind. Das gesamte Hummerfleisch aus den Schalen nehmen und in große Stücke schneiden. In einem mittelgroßen Topf bei schwacher Hitze Butter, Vanille, Knoblauch und Estragon hinzufügen. Sobald die Butter geschmolzen ist, Hummerstücke hinzufügen und den Hummer etwa 5 Minuten kochen lassen. Achten Sie darauf, dass die Buttermischung nicht kocht.

g) Einen großen Topf mit Salzwasser zum Kochen bringen.

h) In der Zwischenzeit in einer großen Pfanne bei schwacher Hitze den in Butter pochierten Hummer und etwas Tomatensauce hinzufügen.

i) Die Gnocchi vorsichtig in das kochende Wasser legen und etwa 2 bis 3 Minuten garen, bis sie weich sind. Mit einem Schaumlöffel die Safrangnocchi in die Pfanne mit dem Hummer geben und vermengen. Mit Salz und frisch gemahlenem schwarzem Pfeffer würzen.

j) Zum Servieren die Gnocchi und den Hummer auf Schalen verteilen. Mit gehacktem Estragon und Zitronenschale garnieren.

28. Gebratene Kartoffelgnocchi mit Robiola

SERVIERTE 4-6

Zutaten

- 2½ lb (1,1 kg) rostrote Kartoffeln, längs geschnitten
- 1 Knoblauchknolle
- Olivenöl
- Koscheres Salz
- Frisch gemahlener schwarzer Pfeffer
- 4 Zweige Rosmarin
- 2 Tassen (454 g) Ricotta-Käse
- 1 Ei
- 2 Tassen (254 g) 00 Mehl, plus mehr zum Bestäuben
- ½ Tasse (45 g) Kastanienmehl
- 2 Zitronen, eine geschält
- 4 mittelgroße Artischocken
- ¼ Tasse (59 ml) Olivenöl
- 1 Zwiebel, gewürfelt

- 2 Knoblauchzehen, zerdrückt
- 1 Bund Petersilie
- 1 Tasse (237 ml) Weißwein
- 1 Tasse (237 ml) Hühnerbrühe
- ½ Tasse (115 g) ungesalzene Butter
- 8 oz (227 g) Robiola-Käse
- ¼ Tasse (59 ml) Sahne
- ¼ Tasse (60 g) Kapern, gehackt
- Italienische glatte Petersilie, gehackt
- Frisch gemahlener schwarzer Pfeffer

Richtungen

a) Den Ofen auf 204 °C (400 °F) vorheizen und zwei Bleche mit 00 Mehl bestäuben.

b) Für den Gnocchi-Teig die Kartoffeln und die ganze Knoblauchknolle mit Olivenöl beträufeln und mit koscherem Salz und frisch gemahlenem schwarzem Pfeffer würzen. Auf eine Blechpfanne legen, mit der Schnittseite nach unten, mit Rosmarinzweigen und etwa 30 Minuten braten, bis eine Gabel zart ist. Beiseite stellen, bis es kühl genug zum Anfassen ist. Das Fruchtfleisch aus den Schalen schöpfen, den Knoblauch auspressen und das Fruchtfleisch durch eine Kartoffelpresse (oder mit dem Gabelrücken) passieren und Kartoffelpüree, Knoblauch, Ricotta, Ei, Salz und Pfeffer in einer Schüssel mischen, bis gut kombiniert. Das 00-Mehl und das Kastanienmehl hinzufügen, rühren, bis sich alles verbunden hat und die Mischung eine Kugel bildet. Auf einer leicht bemehlten Arbeitsfläche den Teig etwa 3 Minuten leicht kneten.

c) Für die Gnocchi ein kleines Stück gerösteten Kartoffelteig abschneiden und den Rest des Teigs mit Frischhaltefolie abdecken. Rollen Sie das Teigstück mit den Händen zu einem etwa 2,5 cm breiten Seil. Schneiden Sie 2,5 cm große Teigstücke aus dem Seil. Rollen Sie die geschnittenen Gnocchi mit einem Gnocchibrett vorsichtig über das Brett, um eine strukturierte Oberfläche zu bilden (Sie können eine Gabel verwenden). Die gerösteten Kartoffelgnocchi auf das bemehlte Blech legen und darauf achten, dass sich die Gnocchi nicht berühren, sonst kleben sie zusammen. Bis zur Verwendung kühl stellen.

d) Um die Artischocken zu schmoren, eine große Schüssel mit Wasser füllen und den Saft von 1 Zitrone in die Schüssel drücken, dabei auch die Zitronenhälften unterheben. Spülen Sie jede Artischocke ab und schneiden Sie den Stiel 12 mm ab. Schneiden Sie von der Oberseite jeder Artischocke 2,5 cm ab. Dann jede Artischocke vom Stiel bis zur Spitze halbieren und den Choke mit einem Löffel entfernen. Entfernen Sie die harten äußeren Blätter und schneiden Sie die Außenseite des Stängels mit einem Gemüsemesser ab. Die vorbereiteten Artischocken in die Schüssel mit Zitronenwasser geben, damit sie nicht braun werden. In einem großen Topf bei mittlerer Hitze das Olivenöl, die Zwiebel, den Knoblauch und die Petersilie hinzufügen und etwa 3 Minuten kochen lassen oder bis die Zwiebel glasig ist. Die gereinigten Artischocken und den Weißwein hinzufügen. Lassen Sie den Weißwein etwa 2 Minuten auf die Hälfte reduzieren. Hühnerbrühe, Schale von 1 Zitrone und Butter hinzufügen,

e) Einen großen Topf mit Salzwasser zum Kochen bringen.

f) Für die Fonduta Robiola und Sahne in einer großen Pfanne bei mittlerer Hitze vermischen. Unter häufigem Rühren kochen, bis der Käse geschmolzen und glatt ist, etwa 10 Minuten. Reduzieren Sie die Hitze auf eine niedrige Stufe, damit die Sauce warm bleibt, während die Gnocchi kochen.

g) Die Gnocchi vorsichtig in das kochende Wasser legen und etwa 2 bis 3 Minuten garen, bis sie weich sind. Die geschmorten Artischocken, Kapern und Gnocchi in die Robiola-Sauce geben und vermengen.

h) Zum Servieren die Gnocchi auf Schüsseln verteilen. Mit gehackter Petersilie und frisch gemahlenem schwarzem Pfeffer garnieren.

29. Kichererbsen-Gnudi mit Tomaten

SERVIERTE 4-6

Zutaten

- 2 Tassen (454 g) Ricotta-Käse
- 1 Eigelb
- Koscheres Salz
- Frisch gemahlener schwarzer Pfeffer
- 1½ Tassen (252 g) Grießmehl
- 1½ Tassen (138 g) Kichererbsenmehl
- 1 lb (454 g) Baby-Erbstücktomaten, halbiert
- 2 Knoblauchzehen, in dünne Scheiben geschnitten
- Basilikum, zerrissen
- ¼ Tasse (59 ml) Olivenöl
- Koscheres Salz
- Frisch gemahlener schwarzer Pfeffer
- Pecorino Romano, zum Reiben

Richtungen

a) Zwei Bleche mit Grießmehl bestäuben.

b) Für den Gnudi Ricotta, Eigelb, Salz und frisch gemahlenen schwarzen Pfeffer in einer Schüssel gut vermischen. Grießmehl und Kichererbsenmehl hinzufügen und rühren, bis sich die Mischung gerade vermischt und eine Kugel bildet.

c) Formen Sie die Mischung mit Ihren Händen oder einem kleinen Löffel zu 2,5 cm großen Kugeln (sie sollten etwas kleiner als ein Golfball sein). Legen Sie sie auf die mit Grieß bestäubten Bleche. Mit mehr Grieß bestäuben. Achte darauf, dass sich die Gnudi nicht berühren, sonst kleben sie zusammen. Bis zum Kochen kühl stellen.

d) Tomaten, Knoblauch, Basilikum, Olivenöl, Salz und frisch gemahlenen schwarzen Pfeffer in eine große Rührschüssel geben. Lassen Sie es etwa 10 Minuten marinieren.

e) Sobald das Wasser schnell kocht, die Hitze auf ein Köcheln reduzieren und die Gnudi vorsichtig in das Wasser geben und etwa 1 bis 2 Minuten kochen lassen oder bis sie schwimmen. Den Kichererbsen-Gnudi mit einem Schaumlöffel in die Schüssel mit den marinierten Erbstücktomaten geben und vermengen.

f) Zum Servieren Gnudi auf Teller verteilen. Mit frisch geriebenem Pecorino Romano garnieren.

30. Gnocchi Verdi mit Provolone Fonduta

SERVIERTE 4-6

Zutaten

- 1 lb (455 g) Yukon Goldkartoffeln
- Olivenöl
- $\frac{1}{4}$ lb (113 g) frischer Spinat
- $1\frac{1}{4}$ Tassen (210 g) Grießmehl, plus mehr zum Bestäuben
- 1 Tasse (227 g) Ricotta-Käse
- 2 Eier
- $\frac{1}{8}$ Teelöffel frisch geriebene Muskatnuss
- Koscheres Salz
- Frisch gemahlener schwarzer Pfeffer
- 8 oz (227 g) Provolone-Käse
- 1 Tasse (237 ml) Sahne
- Frisch gemahlener schwarzer Pfeffer

Richtungen

a) Zwei Bleche mit Grießmehl bestäuben.

b) In einem mittelgroßen Topf die Kartoffeln mit kaltem Wasser bedecken.

Bringen Sie das Wasser bei starker Hitze zum Kochen und kochen Sie, bis die Kartoffeln gabelzart sind, etwa 15 Minuten. Gut abtropfen lassen und beiseite stellen, bis es zum Anfassen kühl genug ist. In der Zwischenzeit das Olivenöl und den Spinat in eine Pfanne geben. Kochen, bis es verwelkt ist. Die Kartoffeln schälen und das Fruchtfleisch durch eine Kartoffelpresse (oder mit dem Gabelrücken zerdrücken) passieren und Kartoffelpüree, welken Spinat, Grießmehl, Ricotta, Eier, Muskatnuss, Salz und frisch gemahlenen schwarzen Pfeffer in einer Schüssel gerade vermischen . Den Teig auf einer leicht bemehlten Fläche ca. 3 Minuten leicht kneten

c) Für die Gnocchi ein kleines Stück Gnocchi-Teig abschneiden und den Rest mit Frischhaltefolie abdecken. Rollen Sie das Teigstück mit den Händen zu einem etwa 2,5 cm breiten Seil. Schneiden Sie 2,5 cm große Teigstücke aus dem Seil. Rollen Sie die geschnittenen Gnocchi mit einem Gnocchibrett vorsichtig über das Brett, bis eine strukturierte Oberfläche entsteht (Sie können auch eine Gabel verwenden). Die Gnocchi auf ein mit Grieß bestäubtes Blech legen und darauf achten, dass sich die Gnocchi nicht berühren, sonst kleben sie zusammen. Bis zur Verwendung kühl stellen.

d) Für die Sauce das Provolone und die Sahne in einer großen Pfanne bei mittlerer Hitze verrühren. Unter häufigem Rühren kochen, bis der Käse geschmolzen und glatt ist, etwa 10 Minuten. Reduzieren Sie die Hitze auf eine niedrige Stufe, damit die Sauce warm bleibt, während die Gnocchi kochen.

e) Einen großen Topf mit Salzwasser zum Kochen bringen. Die Gnocchi vorsichtig in das kochende Wasser legen und etwa 2 bis 3 Minuten garen, bis sie weich sind.

f) Zum Servieren die Gnocchi auf Schüsseln verteilen. Die Fonduta darüber verteilen und mit frisch gemahlenem schwarzem Pfeffer garnieren.

31. Zitronengnocchi mit Jakobsmuscheln

SERVIERTE 4-6

Zutaten

- 1 lb (454 g) rostrote Kartoffeln
- 2 Eier
- Koscheres Salz
- Frisch gemahlener schwarzer Pfeffer
- 2 Meyer-Zitronen, abgerieben
- 1¼ Tassen (210 g) Grießmehl, plus mehr zum Bestäuben
- ½ Tasse (10 g) frische Petersilie
- 1 Tasse (151 g) frische Erbsen
- ½ Tasse (115 g) ungesalzene Butter
- Olivenöl
- 8-12 Tauchermuscheln
- 8 oz (227 g) Guanciale, in 12 mm große Stücke geschnitten
- Italienische glatte Petersilie, gehackt
- 1 Zitrone, geschält

Richtungen

a) Zwei Bleche mit Grießmehl bestäuben. Für den Gnocchi-Teig die Kartoffeln in einem mittelgroßen Topf mit kaltem Wasser bedecken. Bringen Sie das Wasser bei starker Hitze zum Kochen und kochen Sie, bis die Kartoffeln gabelzart sind, etwa 15 Minuten. Gut abtropfen lassen und beiseite stellen, bis es zum Anfassen kühl genug ist. Die Kartoffeln schälen und das Fruchtfleisch durch eine Kartoffelpresse geben (oder mit dem Gabelrücken zerdrücken) und das Kartoffelpüree, die Eier, das koschere Salz, den frisch gemahlenen schwarzen Pfeffer und die Zitronenschale in einer Schüssel gut vermischen. Das Grießmehl und die gehackte Petersilie hinzufügen und rühren, bis sich die Mischung gerade vermischt und eine Kugel bildet. Auf einer leicht bemehlten Arbeitsfläche den Teig etwa 3 Minuten leicht kneten.

b) Für die Gnocchi ein kleines Stück Zitronenteig abschneiden und den Rest mit Frischhaltefolie abdecken. Rollen Sie das Teigstück mit den Händen zu einem etwa 2,5 cm breiten Seil. Schneiden Sie 2,5 cm große Teigstücke aus dem Seil. Die Zitronengnocchi auf ein mit Grieß bestäubtes Blech geben. In Plastikfolie einwickeln und bis zur Verwendung kühl stellen.

c) Bereiten Sie eine Schüssel mit Eiswasser vor. Blanchieren Sie die Erbsen, indem Sie sie in kochendem Wasser kochen, bis sie weich sind, etwa 1 bis 2 Minuten. Nehmen Sie sie aus dem Wasser und legen Sie sie in ein Eisbad. Wenn sie abgekühlt sind, nehmen Sie sie aus dem Wasser und stellen Sie sie in einer Schüssel beiseite.

d) In einer großen Bratpfanne bei mittlerer Hitze Butter und etwa 1 Esslöffel (15 ml) Olivenöl hinzufügen. Die Gnocchi portionsweise auf jeder Seite etwa 3 bis 4 Minuten goldbraun braten. Die knusprigen Zitronengnocchi auf ein Backblech geben.

e) Um die Jakobsmuscheln anzubraten, erhitzen Sie eine große gusseiserne Pfanne bei mittlerer Hitze. Jakobsmuscheln mit einem Papiertuch trocken tupfen und gleichmäßig mit koscherem Salz und frisch gemahlenem schwarzem Pfeffer bestreuen. Etwa 1 Esslöffel (15 ml) Olivenöl und die Jakobsmuscheln in die Pfanne geben; 3 Minuten auf jeder Seite kochen oder bis sie gebräunt sind. Aus der Pfanne nehmen; warm halten.

f) , in einer großen Bratpfanne bei mittlerer Hitze die Guanciale dazugeben und braten, bis das Fett knusprig ist. Gnocchi und Erbsen mit dem Guanciale in die Pfanne geben. Zum Kombinieren werfen. Zum Servieren Gnocchi und Jakobsmuscheln auf Teller verteilen. Mit frischer Petersilie und Zitronenschale garnieren.

g)

GEFÜLLTE NUDELN

32. Polenta-Raviolo mit Guanciale

SERVIERTE 4-6

Zutaten

- 1 Quart (946 ml) Wasser
- 1 Tasse (170 g) Maismehl
- ¼ Tasse (58 g) ungesalzene Butter
- ¼ Tasse (45 g) geriebener Parmigiano-Reggiano
- 1 Tasse (227 g) Ricotta
- Koscheres Salz
- Frisch gemahlener schwarzer Pfeffer
- 6-12 Eigelb
- Ravioli-Teig
- 4 oz (113 g) Guanciale, in 12 mm große Stücke geschnitten
- Olivenöl
- 1 Pfund (454 g) Waldpilze
- 3 Zweige Thymian
- Koscheres Salz

- Frisch gemahlener schwarzer Pfeffer
- Parmigiano-Reggiano, zum Reiben

Richtungen

a) Für die Füllung 4 Tassen (946 ml) Wasser zum Kochen bringen. Das Maismehl langsam einrühren und die Hitze auf niedrige Stufe reduzieren. Kochen Sie unter häufigem Rühren, bis die Mischung eindickt und zart ist, etwa 15 Minuten. Butter und Parmigiano-Reggiano hinzufügen. Lassen Sie die Mischung abkühlen und fügen Sie dann den Ricotta, Salz und frisch gemahlenen schwarzen Pfeffer hinzu und mischen Sie gut.

b) Zwei Bleche mit Grießmehl bestäuben.

c) Für die Pasta den Teig ausrollen, bis die Blätter gerade durchscheinend sind.

d) Schneiden Sie die ausgerollten Blätter in 30 cm große Stücke und decken Sie den Rest mit Plastikfolie ab.

e) Die Blätter auf eine trockene Arbeitsfläche legen und mit einem

Spritzbeutel oder einem Löffel beginnend an einem Ende des Blattes ca. 2,5 cm) zwischen jedem Klecks.

f)

g) Dann mit den Fingern ein Nest in die Füllung legen. Legen Sie vorsichtig ein Eigelb in jedes Nest und bedecken Sie die Füllung mit einem weiteren Teigblatt darüber.

h) Verwenden Sie einen Spritzer Wasser, um es bei Bedarf zu versiegeln. Während Sie die Nudeln über die Füllung legen, drücken Sie sie vorsichtig nach unten, um sie zu versiegeln und sicherzustellen, dass keine Luft darin eingeschlossen ist. Mit einem runden 7,5-cm-Ausstecher das Raviolo ausstanzen und mit Abstand vorsichtig auf das mit Grieß bestäubte Blech legen.

i) Einen großen Topf mit Salzwasser zum Kochen bringen.

j) In einer großen Bratpfanne bei mittlerer Hitze die Guanciale dazugeben und ca. 5

Minuten braten, bis sie knusprig und das Fett ausgetreten ist. Warm halten. In einer anderen Bratpfanne bei mittlerer Hitze einen Schuss Olivenöl, Champignons, Thymian, Salz und frisch gemahlenen Pfeffer hinzufügen und etwa 6 Minuten weich kochen.

k) Die Nudeln vorsichtig in das kochende Wasser geben und etwa 2 Minuten al dente kochen. Die Nudeln mit dem Guanciale in die Pfanne geben und die Pfanne vorsichtig schütteln, damit die Nudeln mit dem Guanciale-Fett überzogen sind.

l) Zum Servieren die Nudeln auf Teller verteilen. Mit Champignons und frisch geriebenem Parmigiano-Reggiano garnieren.

33. Auberginen-Mezzaluna & Tomaten-Confit

SERVIERTE 4-6

Zutaten

- Olivenöl
- 2 Auberginen, geschält und gewürfelt
- 3 Knoblauchzehen, gehackt
- 1 Zwiebel, gewürfelt
- Koscheres Salz
- Frisch gemahlener schwarzer Pfeffer
- $\frac{1}{4}$ Tasse (45 g) Parmigiano-Reggiano
- 1 Tasse (130 g) geriebener Mozzarella
- 4 Pflaumentomaten
- Olivenöl
- 3 Zweige Rosmarin
- 3 Zweige Thymian
- 1 Knoblauchzehe, in dünne Scheiben geschnitten
- $\frac{1}{2}$ Teelöffel Zucker
- Koscheres Salz

- Frisch gemahlener schwarzer Pfeffer
- Ravioli-Teig
- 2 Tassen (50 g) Basilikum
- ½ Tasse (90 g) geriebener Parmigiano-Reggiano
- 2 Knoblauchzehen
- ¼ Tasse (32 g) Pignoli-Nüsse
- Koscheres Salz
- Frisch gemahlener schwarzer Pfeffer
- ⅔ Tasse (160 ml) Olivenöl

Richtungen

a) Backofen auf 163°C (325°F) vorheizen.

b) In einer großen Bratpfanne bei mittlerer Hitze einen Schuss Olivenöl, Auberginen, Knoblauch, Zwiebeln, Salz und frisch gemahlenen schwarzen Pfeffer hinzufügen. Kochen, bis die Aubergine weich ist, etwa 8 Minuten. Vom Herd nehmen und abkühlen lassen. In einer Schüssel die gekochten Auberginen,

Parmigiano-Reggiano und Mozzarella mischen.

c) Für das Tomaten-Confit die Tomaten der Länge nach halbieren und die Kerne herauskratzen. Auf einem Blech etwas Olivenöl träufeln und die Tomaten mit der Schnittseite nach unten mit Rosmarin, Thymian und Knoblauch anrichten. Mit Zucker, Salz und frisch gemahlenem schwarzem Pfeffer würzen. Backen, bis sie geschrumpft und dunkelrot sind, etwa 45 Minuten.

d) Zwei Bleche mit Grießmehl bestäuben. Für die Pasta den Teig ausrollen, bis das Blech gerade durchscheinend ist.

e) Schneiden Sie die ausgerollten Blätter in 30 cm große Stücke und decken Sie den Rest mit Plastikfolie ab. Legen Sie die Blätter auf eine trockene Arbeitsfläche und schneiden Sie mit einem runden 7,5-cm-Ausstecher Kreise in das Blatt.

f) Mit einem Spritzbeutel oder einem Löffel die Füllung in die Mitte des Nudelkreises geben, dabei etwa 6 mm an den Seiten frei lassen. Zum Versiegeln falten Sie den Kreis um, um eine Halbmondform zu erhalten, und drücken Sie mit einer Gabel an den Rändern entlang, um ihn zu versiegeln.

g) Verwenden Sie einen Spritzer Wasser, um es bei Bedarf zu versiegeln. Die Mezzaluna vorsichtig im Abstand auf die mit Grieß bestäubten Bleche legen.

h) Für das Pesto in einer Küchenmaschine Basilikum, geriebenen Parmigiano-Reggiano, Knoblauch, Pignoli-Nüsse, koscheres Salz und frisch gemahlenen schwarzen Pfeffer hinzufügen. Das Olivenöl langsam einfüllen und pürieren.

i) Einen großen Topf mit Salzwasser zum Kochen bringen. Die Nudeln vorsichtig in das kochende Wasser geben und etwa 2 bis 3 Minuten al dente kochen.

j) In einer Bratpfanne bei schwacher Hitze einen Schuss Olivenöl und das Tomatenconfit hinzufügen. Die Nudeln in die Pfanne geben und die Pfanne leicht schütteln, um sich mit den Tomaten zu vermischen. Mit Salz und frisch gemahlenem schwarzem Pfeffer würzen. Zum Servieren die Nudeln auf Teller verteilen. Mit Pesto garnieren.

34. Butternusskürbis & Birnen-Cappellacci

SERVIERTE 4-6

Zutaten

- 1 Butternut-Kürbis, längs halbiert
- Olivenöl
- Koscheres Salz
- Frisch gemahlener schwarzer Pfeffer
- 3 Bosc Birnen, geschält, entkernt und in Scheiben geschnitten
- $\frac{1}{4}$ Teelöffel geriebene Muskatnuss
- $\frac{1}{2}$ Tasse (90 g) geriebener Parmigiano-Reggiano
- 1 Ei
- Ravioli-Teig
- $\frac{1}{4}$ Tasse (58 g) ungesalzene Butter
- 1 Bund Salbei
- Koscheres Salz
- Frisch gemahlener schwarzer Pfeffer
- Parmigiano-Reggiano, zum Reiben

Richtungen

a) Den Backofen auf 375 °F (190 °C) vorheizen.

b) Für die Füllung den geschnittenen Butternut-Kürbis auf ein Blech legen und die Schnittseite mit Olivenöl beträufeln. Mit Salz und Pfeffer würzen. Kochen Sie für ungefähr 45 Minuten oder bis Gabel-zart. Während der Butternusskürbis abgekühlt ist, die Birnen mit Olivenöl beträufeln und etwa 10 bis 15 Minuten kochen, bis sie weich sind. Das Kürbisfleisch herauslösen und mit den Birnen, Olivenöl, Muskatnuss, Parmigiano-Reggiano und Ei in eine Küchenmaschine geben; Puls bis glatt. Mit Salz und frisch gemahlenem Pfeffer würzen.

c) Zwei Bleche mit Grießmehl bestäuben.

d) Für die Pasta den Teig ausrollen, bis das Blech gerade durchscheinend ist.

e) Schneiden Sie die ausgerollten Blätter in 30 cm große Stücke und decken Sie den Rest mit Plastikfolie ab. Legen Sie die Blätter auf eine trockene Arbeitsfläche und schneiden Sie die Nudelblätter mit einem geraden Radschneider oder einem Messer in 5 cm große Quadrate.

f) Mit einem Spritzbeutel oder einem Löffel etwa 1 Esslöffel (15 g) Füllung in die Mitte jedes Quadrats geben und etwa 6 mm an den Seiten frei lassen. Zum Versiegeln falten Sie das Quadrat zur gegenüberliegenden Ecke, um ein Dreieck zu bilden, und drücken Sie mit den Fingern entlang der Kanten, um es zu versiegeln.

g) Nehmen Sie die beiden gegenüberliegenden Enden des Dreiecks und drücken Sie sie zusammen. Verwenden Sie einen Spritzer Wasser, um es bei Bedarf zu versiegeln. Die Cappellacci vorsichtig im Abstand auf die mit Grieß bestäubten Bleche legen.

h) Einen großen Topf mit Salzwasser zum Kochen bringen. Die Nudeln vorsichtig in das Wasser geben und etwa 2 bis 3 Minuten al dente kochen.

i) , in einer großen Bratpfanne bei mittlerer Hitze die Butter und den Salbei hinzufügen und kochen, bis die Butter braun ist und ein nussiges Aroma hat, etwa 3 bis 4 Minuten. Die Nudeln in die Pfanne geben und vermischen. Mit Salz und frisch gemahlenem schwarzem Pfeffer würzen.

j) Zum Servieren die Nudeln auf Teller verteilen. Mit etwas geriebenem Parmigiano-Reggiano garnieren.

35. Kalbs-Agnolotti mit Pecorino

SERVIERTE 4-6

Zutaten

- Olivenöl
- 1 lb (454 g) gemahlenes Kalbfleisch
- 3 Knoblauchzehen, gehackt
- 1 Pfund (454 g) Senfgrün, gehackt
- 1 Teelöffel frisch geriebene Muskatnuss
- 1 Bund italienische glatte Petersilie, gehackt
- Koscheres Salz
- Frisch gemahlener schwarzer Pfeffer
- $\frac{1}{2}$ Tasse (50 g) geriebener Pecorino Romano
- Ravioli-Teig
- $\frac{1}{4}$ Tasse (58 g) ungesalzene Butter
- Pecorino Romano, zum Reiben
- Baby-Senfgrün

Richtungen

a) Für die Füllung in einer Bratpfanne bei mittlerer bis mittlerer Hitze einen Schuss Olivenöl und Kalbfleisch hinzufügen. Kochen, bis sie braun sind, etwa 8 bis 10 Minuten.

b) Überschüssiges Fett abgießen und beiseite stellen. In einer Bratpfanne bei mittlerer Hitze einen Schuss Olivenöl, Knoblauch, Senf, Muskat und Petersilie hinzufügen.

c) Kochen Sie, bis die Petersilie zusammengefallen ist, etwa 2 bis 3 Minuten. Mit Salz und frisch gemahlenem Pfeffer würzen. Fügen Sie das Grün zum gekochten Kalbfleisch hinzu. Geriebenen Pecorino Romano unterrühren. Die Kalbs-Senf-Grün-Mischung in eine Küchenmaschine geben und pulsieren, bis sie zusammenkommt.

d) Zwei Bleche mit Grießmehl bestäuben.

e) Für die Pasta den Teig ausrollen, bis das Blech gerade durchscheinend ist.

f) Schneiden Sie die ausgerollten Blätter in 30 cm große Stücke und decken Sie den Rest mit Plastikfolie ab. Legen Sie die Blätter auf eine trockene Arbeitsfläche und schneiden Sie die Nudelblätter mit einem geraden Radschneider oder einem Messer der Länge nach in zwei 7,5 cm breite Streifen.

g) Die Füllung mit einem Spritzbeutel oder einem Löffel in die Mitte jedes Blechs in einer Reihe geben. Zum Verschließen die Nudeln über die Füllung auf die gegenüberliegende Seite falten und etwa 6 mm Teig frei lassen. Verwenden Sie einen Spritzer Wasser, um es bei Bedarf zu versiegeln.

h) Um die einzelnen Agnolotti zu formen, den Teig mit Daumen und Zeigefinger zusammendrücken. Arbeiten Sie sich über die gesamte Länge des Blattes nach unten, versiegeln und drücken Sie es einzeln zusammen, um 5 cm große Pasta zu erhalten.

i) Mit einem geriffelten Nudelrad den Rand des Teigs über die gesamte Länge abschneiden und so nah wie möglich an die Füllung herankommen. Um die Nudeln mit einem geriffelten Ausstecher schnell und kräftig in einzelne Agnolotti zu schneiden, schneiden Sie diese direkt in der Mitte der Prise. Die Agnolotti vorsichtig im Abstand auf die mit Grieß bestäubten Bleche legen.

j) Einen großen Topf mit Salzwasser zum Kochen bringen. Die Nudeln vorsichtig in das Wasser geben und etwa 2 bis 3 Minuten al dente kochen.

k) Währenddessen in einer großen Pfanne bei mittlerer Hitze die Butter hinzufügen und schmelzen. Dann die gekochten Nudeln hinzufügen und vermengen.

l) Zum Servieren die Nudeln auf Teller verteilen. Mit geriebenem Pecorino Romano und etwas Baby-Senfgrün garnieren.

36. Prosciutto-Karamell mit Fonduta

SERVIERTE 4-6

Zutaten

- Olivenöl
- 1 Pfund (454 g) Prosciutto, klein gewürfelt
- 1 Kopf Radicchio, gehackt
- 2 Tassen (454 g) Ricotta
- Koscheres Salz
- Frisch gemahlener schwarzer Pfeffer
- Ravioli-Teig
- 8 oz (227 g) Gorgonzola
- $\frac{1}{4}$ Tasse (59 ml) Sahne
- Frisch gemahlener schwarzer Pfeffer
- 1 Zitrone, geschält

Richtungen

a) Für die Füllung in einer großen Bratpfanne bei starker Hitze etwas Olivenöl und Prosciutto hinzufügen und ca. 3 bis 4 Minuten knusprig braten. Dann fügen Sie Radicchio hinzu und kochen, bis er zusammenfällt, etwa 2 Minuten. Vom Herd nehmen.

b) Prosciutto, Radicchio und Ricotta in einer Schüssel vermengen und mit Salz und frisch gemahlenem schwarzem Pfeffer würzen.

c) Zwei Bleche mit Grießmehl bestäuben.

d) Für die Pasta den Teig ausrollen, bis das Blech gerade durchscheinend ist.

e) Schneiden Sie die ausgerollten Blätter in 30 cm große Stücke und decken Sie den Rest mit Plastikfolie ab.

f) Legen Sie die Blätter auf eine trockene Arbeitsfläche und schneiden Sie die Nudelblätter mit einem geraden Radschneider oder einem Messer in 7,5 cm lange und 5 cm breite Rechtecke. Legen Sie mit einem Spritzbeutel oder einem Löffel 5 cm große Füllstücke über die Länge des Rechtecks bis zum Rand hin und lassen Sie auf jeder Seite etwa 12 mm Platz.

g) Zum Verschließen den unteren Rand über die Füllung klappen und die Nudeln vorsichtig von sich wegrollen, sodass eine schlauchartige Form entsteht. Verwenden Sie einen Spritzer Wasser, um es bei Bedarf zu versiegeln.

h) Die Seiten zusammendrücken, den Teig dort verschließen, wo die Füllung endet, und mit den Daumen beide Enden zusammendrücken, um 180 Grad drehen und erneut zusammendrücken. Die Karamelle vorsichtig im Abstand auf die mit Grieß bestäubten Bleche legen.

i) Einen großen Topf mit Salzwasser zum Kochen bringen. Die Nudeln vorsichtig in das Wasser geben und etwa 2 bis 3 Minuten al dente kochen.

j) Für die Fonduta Gorgonzola und Sahne in einer großen Pfanne bei mittlerer Hitze verrühren. Unter häufigem Rühren kochen, bis der Käse geschmolzen und glatt ist, etwa 10 Minuten.

k) Reduzieren Sie die Hitze auf eine niedrige Stufe und halten Sie sie warm, während die Nudeln kochen. Dann die gekochten Nudeln hinzufügen und vermengen.

l) Zum Servieren die Nudeln auf Schüsseln verteilen. Mit frisch gemahlenem schwarzem Pfeffer und Zitronenschale garnieren.

37. Anolini in Brodo

SERVIERTE 4-6

Zutaten

- ¼ Tasse (58 g) ungesalzene Butter
- 1 Knoblauchzehe, gehackt
- 1 Pfund (454 g) Rinderhackfleisch
- Koscheres Salz
- Frisch gemahlener schwarzer Pfeffer
- ½ Tasse (60 g) Semmelbrösel
- ½ Tasse (90 g) Parmigiano-Reggiano
- Olivenöl
- 2 Knoblauchzehen, gehackt
- 2 Stangen Sellerie, klein gewürfelt
- 2 Karotten, klein gewürfelt
- 1 Zwiebel, klein gewürfelt
- 1 Bund Petersilie, gehackt
- Koscheres Salz
- Frisch gemahlener schwarzer Pfeffer
- Ravioli-Teig

- Parmigiano-Reggiano, zum Reiben
- Italienische glatte Petersilie, gehackt

Richtungen

a) Zwei Bleche mit Grießmehl bestäuben.

b) Für die Füllung die Butter in einer großen Pfanne bei mittlerer Hitze schmelzen. Fügen Sie den Knoblauch und das Hackfleisch hinzu. Kochen, bis es fertig ist, etwa 5 bis 8 Minuten. Überschüssiges Fett abgießen und mit Salz und frisch gemahlenem schwarzem Pfeffer würzen. Nach dem Abkühlen in der Küchenmaschine mit den Semmelbröseln und dem Parmigiano-Reggiano pulsieren, bis sich alles verbunden hat.

c) Um den Brodo zuzubereiten, in einem großen Topf bei starker Hitze etwas Olivenöl, Knoblauch, Sellerie, Karotten, Zwiebeln und Petersilie hinzufügen. Mit etwa 1,4 Liter Wasser bedecken und zum Kochen bringen. Dann auf mittel bis niedrig reduzieren und etwa 45 Minuten köcheln lassen. Mit Salz und frisch gemahlenem schwarzem Pfeffer würzen.

d) Für die Pasta den Teig ausrollen, bis das Blech gerade durchscheinend ist.

e) Schneiden Sie die ausgerollten Blätter in 30 cm große Stücke und decken Sie den Rest mit Plastikfolie ab. Legen Sie die Blätter auf eine trockene Arbeitsfläche und beginnen Sie an einem Ende des Blattes mit einem Spritzbeutel oder einem Löffel, um etwa $\frac{1}{2}$ Teelöffel Füllung in zwei Reihen über die gesamte Länge des Nudelblattes zu verteilen, wobei etwa $\frac{1}{2}$ Zoll (12 Zoll) übrig bleiben mm) zwischen jedem Klecks.

f) Bedecken Sie die Füllung mit einem weiteren Nudelblatt darüber. Verwenden Sie einen Spritzer Wasser, um es bei Bedarf zu versiegeln.

g) Während Sie die Nudeln über die Füllung legen, drücken Sie sie vorsichtig nach unten, um sie zu versiegeln und sicherzustellen, dass keine Luft darin eingeschlossen ist. Stanzen Sie die

Anolini mit einem runden 2,5-cm-Ausstecher aus und legen Sie sie im Abstand voneinander vorsichtig auf die mit Grieß bestäubten Bleche.

h) Brodo wieder zum Kochen bringen und die Nudeln vorsichtig hineingeben und etwa 2 bis 3 Minuten al dente kochen.

i) Zum Servieren die Nudeln mit Brodo auf Schüsseln verteilen. Mit Parmigiano-Reggiano und gehackter Petersilie garnieren.

38. Zuckererbsen-Raviolini mit Mascarpone

SERVIERTE 4-6

Zutaten

- Olivenöl
- 4 Tassen (604 g) Erbsen
- Koscheres Salz
- Frisch gemahlener schwarzer Pfeffer
- 1 Bund Minze
- 1½ Tassen (341 g) Mascarpone
- ½ Tasse (90 g) geriebener Parmigiano-Reggiano
- 1 Zitrone, Saft und Schale
- Ravioli-Teig
- 8 oz (227 g) Brunnenkresse
- 1 Zitrone, Saft und Schale
- Koscheres Salz
- Frisch gemahlener schwarzer Pfeffer
- ¼ Tasse (58 g) ungesalzene Butter
- Olivenöl

Richtungen

a) Zwei Bleche mit Grießmehl bestäuben.

b) Für die Füllung in einer großen Pfanne bei mittlerer Hitze Olivenöl darüberträufeln.

c) Fügen Sie die Erbsen hinzu und kochen Sie, bis sie hellgrün sind, etwa 2 bis 5 Minuten. Mit Salz und frisch gemahlenem schwarzem Pfeffer würzen. Die gekochten Erbsen, Minzblätter, Mascarpone, Parmigiano-Reggiano und Zitronensaft in einer Küchenmaschine pulsieren, bis sie zusammenkommen. Etwa $\frac{1}{4}$ Tasse (60 g) der Füllung aufheben, um eine Sauce zuzubereiten.

d) Für die Pasta den Teig ausrollen, bis das Blech gerade durchscheinend ist. Schneiden Sie die ausgerollten Blätter in 30 cm große Stücke und decken Sie den Rest mit Plastikfolie ab.

e) Die Blätter auf eine trockene Arbeitsfläche legen und beginnend an einem Ende des Blattes mit einem Spritzbeutel oder einem Löffel ca Zoll (2,5 cm) zwischen jedem Klecks.

Verwenden Sie einen Spritzer Wasser, um es bei Bedarf zu versiegeln.

f) Während Sie die Nudeln über die Füllung legen, drücken Sie sie vorsichtig nach unten, um sie zu versiegeln und sicherzustellen, dass keine Luft darin eingeschlossen ist. Schneiden Sie mit einem 5 cm großen Ravioli-Stempel oder einem Nudelrad 5 cm große Quadrate oder Kreise aus und legen Sie die Ravioli vorsichtig mit Abstand auf die mit Grieß bestäubten Bleche.

g) Einen großen Topf mit Salzwasser zum Kochen bringen. Die Nudeln vorsichtig in das Wasser geben und etwa 2 bis 3 Minuten al dente kochen. In einer großen Pfanne bei mittlerer Hitze Butter hinzufügen und schmelzen. Dann die gekochten Nudeln mit der reservierten Füllung in die Pfanne geben und vermengen.

h) Die Nudeln auf Teller verteilen. In einer kleinen Schüssel die Brunnenkresse mit einem Schuss Olivenöl, Zitronensaft,

Salz und frisch gemahlenem schwarzem Pfeffer vermischen. Die Nudeln mit der angerichteten Brunnenkresse garnieren.

39. Ravioli mit kurzer Rippe und Sellerie

SERVIERTE 4-6

Zutaten

- 1,4 kg (3 lb) kurze Rippen
- Koscheres Salz
- Frisch gemahlener schwarzer Pfeffer
- Olivenöl
- 2 Karotten, gewürfelt
- 2 Stangen Sellerie, gewürfelt
- 2 Zwiebeln, gewürfelt
- 3 Knoblauchzehen, gehackt
- 1 Tasse (237 ml) Rotwein
- 4 Zweige Thymian
- 1 Bund Petersilie
- 4 Zweige Rosmarin
- 1 Lorbeerblatt
- 3 Esslöffel (10 g) Instant-Espresso
- 1 qt (946 ml) Rinderbrühe
- 1 große Selleriewurzel

- 3 Esslöffel (43 g) ungesalzene Butter
- ½ Tasse (119 ml) Sahne
- 1 Lorbeerblatt
- Koscheres Salz
- Frisch gemahlener schwarzer Pfeffer
- Ravioli-Teig
- ¼ Tasse (58 g) ungesalzene Butter
- Schnittlauch, in dünne Scheiben geschnitten

Richtungen

a) Den Backofen auf 375 °F (190 °C) vorheizen. Die Rippchen großzügig mit Salz und Pfeffer würzen. Einen Schmortopf bei starker Hitze erhitzen und einen Schuss Olivenöl hinzufügen.

b) Die kurzen Rippen portionsweise zugeben und von allen Seiten scharf anbraten, bis sich eine schöne braune Kruste bildet. Herausnehmen und beiseite stellen. Fügen Sie im selben Schmortopf einen

Schuss Olivenöl, Karotten, Sellerie, Zwiebeln und Knoblauch hinzu.

c) Kochen, bis sie weich sind und Farbe haben, etwa 3 bis 4 Minuten. Fügen Sie Rotwein hinzu, um die Pfanne abzulöschen, und kratzen Sie mit einem Löffel alle Teile am Boden ab. Geben Sie die Short Ribs zurück in die Pfanne und fügen Sie dann Thymian, Petersilie, Rosmarin, Lorbeerblatt, Espresso, Salz, frisch gemahlenen schwarzen Pfeffer und so viel Rinderfond hinzu, dass die Short Ribs bedeckt sind. Den Topf abdecken und in den Ofen stellen. 4 Stunden garen, bis das Fleisch gabelzart ist. Vor dem Servieren das Lorbeerblatt entfernen.

d) Für das Selleriepüree die Selleriewurzel schälen und in mittelgroße Stücke schneiden. In einem mittelgroßen Topf bei schwacher Hitze die Butter hinzufügen und die Selleriewurzel schneiden.

e) Kochen, bis sie weich sind, etwa 6 Minuten. Sahne und Lorbeerblatt zugeben und ca. 2 Minuten köcheln lassen. Lorbeerblatt entfernen. Selleriewurzel und Sahne in eine Küchenmaschine geben und glatt rühren. Mit Salz und Pfeffer würzen.

f) Zwei Bleche mit Grießmehl bestäuben. Für die Pasta den Teig ausrollen, bis das Blech gerade durchscheinend ist. Schneiden Sie die ausgerollten Blätter in 30 cm große Stücke und decken Sie den Rest mit Plastikfolie ab.

g) Die Blätter auf eine trockene Arbeitsfläche legen und mit einem Spritzbeutel oder einem Löffel beginnend an einem Ende des Blattes ca. Lassen Sie etwa 2,5 cm zwischen jedem Klecks. Etwa 1 Esslöffel (15 g) geschmorte kurze Rippe auf die Selleriewurzel legen.

h) Während Sie die Nudeln über die Füllung legen, drücken Sie sie vorsichtig nach unten, um sie zu versiegeln und sicherzustellen, dass keine Luft darin eingeschlossen ist. Verwenden Sie einen Spritzer Wasser, um es bei Bedarf zu versiegeln. Schneiden Sie mit einem 10 cm großen Ravioli-Stempel oder einem Nudelrad 10 cm große Quadrate oder Kreise aus und legen Sie die Ravioli vorsichtig mit Abstand auf die mit Grieß bestäubten Bleche.

i) Einen großen Topf mit Salzwasser zum Kochen bringen. Währenddessen in einer kleinen Pfanne bei mittlerer Hitze die Butter schmelzen. Zum Servieren die Nudeln auf Schüsseln verteilen. Mit zerlassener Butter und Schnittlauch garnieren.

40. Taleggio Triangoli & Schweineragout

SERVIERTE 4-6

Zutaten

- 1,4 kg Schweinebacke
- Koscheres Salz
- Frisch gemahlener schwarzer Pfeffer
- Olivenöl
- 2 Karotten, gewürfelt
- 1 Stange Sellerie, gewürfelt
- 1 Zwiebel, gewürfelt
- 3 Knoblauchzehen, gehackt
- 1 (6-oz [170-g]) Dose Tomatenmark
- $\frac{1}{2}$ Tasse (118 ml) Rotwein
- 1 Bund italienische glatte Petersilie
- 3 Zweige Rosmarin
- 4 Zweige Thymian
- 1 Lorbeerblatt
- 1 (28-oz [794-g]) Dose zerdrückte Tomaten

- 3 Tassen (711 ml) Rinderbrühe
- Olivenöl
- 1 Kopf Radicchio, in dünne Scheiben geschnitten
- 1 lb (454 g) Taleggio, gerieben
- 1 Zitrone, Schale und Saft
- Ravioli-Teig
- Italienische glatte Petersilie, gehackt

Richtungen

a) Den Backofen auf 375 °F (190 °C) vorheizen.

b) Für das Schweinebackenragout das Schweinefleisch großzügig mit Salz und frisch gemahlenem schwarzem Pfeffer würzen. Gib bei starker Hitze einen Schuss Olivenöl in einen Dutch Oven.

c) Die Schweinebacken portionsweise zugeben und von allen Seiten scharf anbraten, bis sich eine schöne braune Kruste bildet. Herausnehmen und beiseite stellen. Fügen Sie im gleichen

Schmortopf einen Schuss Olivenöl, Karotten, Sellerie, Zwiebel und Knoblauch hinzu.

d) Kochen, bis sie weich und golden sind, etwa 3 bis 4 Minuten. Tomatenmark hinzugeben und ständig umrühren, damit es nicht anbrennt. Fügen Sie dann Rotwein hinzu, um die Pfanne abzulöschen, und kratzen Sie alle Teile am Boden mit einem Löffel ab.

e) Die Schweinebacke wieder in die Pfanne geben und dann Petersilie, Rosmarin, Thymian, Lorbeerblatt, Salz, frisch gemahlenen schwarzen Pfeffer, zerdrückte Tomaten und so viel Rinderbrühe hinzufügen, dass das Schweinefleisch bedeckt ist. Den Topf abdecken und in den Ofen stellen. 4 Stunden garen, bis das Fleisch gabelzart ist.

f) Wenn es kühl genug ist, um es anfassen zu können, das Fleisch mit zwei Gabeln auseinanderbrechen und das Lorbeerblatt entfernen. Warm halten.

g) Für die Füllung in einer mittelgroßen Bratpfanne einen Schuss Olivenöl und den Radicchio hinzufügen. Kochen, bis es zusammenfällt, etwa 3 Minuten. Abkühlen lassen. In einer großen Rührschüssel welken Radicchio, Taleggio, Zitronenschale und Zitronensaft vermischen. Mit Salz und frisch gemahlenem schwarzem Pfeffer würzen.

h) Zwei Bleche mit Grießmehl bestäuben.

i) Für die Pasta den Teig ausrollen, bis das Blech gerade durchscheinend ist.

j) Schneiden Sie die ausgerollten Blätter in 30 cm große Stücke und decken Sie den Rest mit Plastikfolie ab. Legen Sie die Blätter auf eine trockene Arbeitsfläche und schneiden Sie die Nudelblätter mit einem geraden Radschneider oder einem Messer in 7,5 cm große Quadrate.

k) Mit einem Spritzbeutel oder einem Löffel etwa 1 Teelöffel Füllung in die Mitte geben und etwa 6 mm Teig am Rand frei lassen. Zum Versiegeln falten Sie das Quadrat zur gegenüberliegenden

Ecke, um ein Dreieck zu bilden, und drücken Sie mit den Fingern entlang der Kanten, um es zu versiegeln.

l) Verwenden Sie einen Spritzer Wasser, um es bei Bedarf zu versiegeln. Mit einem geriffelten Ausstecher an den Rändern abschneiden und etwa 6 mm Nudeln um die Füllung herum lassen. Die Triangoli vorsichtig im Abstand auf die mit Grieß bestäubten Bleche legen.

m) Einen großen Topf mit Salzwasser zum Kochen bringen. Die Nudeln vorsichtig in das Wasser geben und etwa 2 bis 3 Minuten al dente kochen.

n) In einer großen Bratpfanne bei mittlerer Hitze etwas Schweineragout und die gekochten Nudeln hinzufügen. Zum Kombinieren werfen.

o) Zum Servieren die Nudeln auf Schüsseln verteilen. Mit gehackter Petersilie garnieren.

41. Sunchoke-Cappelletti mit Äpfeln

SERVIERTE 4-6

Zutaten

- Olivenöl
- 4 lb (1,8 kg) Sunchokes, gehackt
- 2 Knoblauchzehen, gehackt
- 1 Tasse (227 g) Ricotta
- Koscheres Salz
- Frisch gemahlener schwarzer Pfeffer
- Ravioli-Teig
- Olivenöl
- 1 Pfund (454 g) Grünkohl, gehackt
- 1 Apfel, in dünne Scheiben geschnitten

Richtungen

a) Für die Füllung in einer großen Pfanne bei mittlerer Hitze Olivenöl darüberträufeln und die Sunchokes hinzufügen. Kochen, bis sie weich sind, etwa 8 bis 10 Minuten. Vom Herd nehmen und etwas abkühlen lassen.

b) In einer Küchenmaschine die Sunchokes, den Knoblauch und den Ricotta pulsieren, bis sie sich vermischt haben. Mit Salz und frisch gemahlenem schwarzem Pfeffer würzen.

c) Zwei Bleche mit Grießmehl bestäuben.

d) Für die Pasta den Teig ausrollen, bis das Blech gerade durchscheinend ist.

e) Schneiden Sie die ausgerollten Blätter in 30 cm große Stücke und decken Sie den Rest mit Plastikfolie ab. Legen Sie die Blätter auf eine trockene Arbeitsfläche und schneiden Sie mit einem runden 3 Zoll (7,5 cm) großen Ausstecher Kreise in die Blätter.

f) Mit einem Spritzbeutel oder einem Löffel etwa 1 Teelöffel Füllung in die Mitte des Nudelkreises geben und etwa 6 mm an den Seiten frei lassen. Falte den Kreis um, um eine Halbmondform zu erhalten, und drücke entlang der Ränder, um ihn zu versiegeln. Verwenden Sie einen Spritzer Wasser, um es bei Bedarf zu versiegeln.

g) Um die Nudelform zu formen, mit der gebogenen Kante zu Ihnen, die beiden Spitzen zusammenbringen und andrücken. Achte vorsichtig darauf, dass die gebogene Außenkante eine Kreisform bildet. Stellen Sie die Nudeln auf Ihre Arbeitsfläche und achten Sie darauf, dass sie von selbst stehen. Die Cappelletti vorsichtig im Abstand voneinander auf die mit Grieß bestäubten Bleche verteilen.

h) Bringen Sie einen großen Topf mit Wasser zum Kochen. Währenddessen in einer großen Bratpfanne bei mittlerer Hitze Olivenöl darüberträufeln. Den Grünkohl dazugeben und anbraten, bis er anfängt zu welken. Schalten Sie die Hitze aus und werfen Sie die Äpfel hinein. Mit Salz und frisch gemahlenem Pfeffer würzen.

i) Die Nudeln vorsichtig in das Wasser geben und etwa 2 bis 3 Minuten al dente kochen. Mit dem Grünkohl und den Äpfeln in der Pfanne anbraten.

j) Zum Servieren Nudeln, Grünkohl und Äpfel auf Schüsseln verteilen.

42. Faggotini mit Garnelen & Zucchini

SERVIERTE 4-6

Zutaten

- FÜLLUNG
- Olivenöl
- 1 Zucchini, klein gewürfelt
- 1 lb (454 g) Garnelen, gehackt
- 1 Zitrone, Saft und Schale
- 1 Bund Petersilie, gehackt
- 1 Tasse (227 g) Ricotta-Käse
- $\frac{1}{2}$ Tasse (90 g) Parmigiano-Reggiano
- Koscheres Salz
- Frisch gemahlener schwarzer Pfeffer
- FAGGOTINI
- Ravioli-Teig
- 1 Bund Dill, gehackt
-
- Dillwedel, gepflückt

Richtungen

a) Für die Füllung das Olivenöl in einer großen Pfanne bei mittlerer Hitze beträufeln. Die Zucchini etwa 5 bis 8 Minuten weich dünsten. Beiseite legen. Noch mehr Olivenöl darüberträufeln und die Garnelen ca. 5 bis 8 Minuten anbraten, bis sie gar sind. In einer mittelgroßen Schüssel die gehackten Garnelen, Zucchini, Zitrone, Petersilie, Ricotta und Parmigiano-Reggiano gut vermischen. Mit Salz und frisch gemahlenem schwarzem Pfeffer würzen.

b) Zwei Bleche mit Grießmehl bestäuben.

c) Um den Dill-Teig zuzubereiten, befolgen Sie die Anweisungen für Ravioli-Teig und mischen Sie den gehackten Dill mit den feuchten Zutaten.

d) Für die Pasta den Teig ausrollen, bis das Blech gerade durchscheinend ist.

e) Schneiden Sie die ausgerollten Blätter in 30 cm große Stücke und decken Sie den Rest mit Plastikfolie ab. Legen Sie die Blätter auf eine trockene Arbeitsfläche und schneiden Sie den Teig mit einem geraden Radschneider oder einem Messer in 7,5 cm große Quadrate. Mit einem Spritzbeutel oder einem Löffel etwa 1 Esslöffel (15 g) der Füllung in die Mitte des Quadrats geben und etwa 12 mm an den Seiten frei lassen. Bringen Sie die vier Ecken zu einem Bündel zusammen. Zum Verschließen oben zusammendrücken und drehen. Verwenden Sie einen Spritzer Wasser, um es bei Bedarf zu versiegeln. Die Faggotini vorsichtig im Abstand auf die mit Grieß bestäubten Bleche legen.

f) Bringen Sie einen großen Topf mit Wasser zum Kochen. Die Nudeln vorsichtig in das Wasser geben und etwa 2 bis 3 Minuten al dente kochen.

g) Zum Servieren die Nudeln auf Schüsseln verteilen. Mit Dillwedeln garnieren.

43. Artischocken-Casonsei & Ricotta

SERVIERTE 4-6

Zutaten

- FÜLLUNG
- 2 Pfund (907 g) Artischocken
- 2 Zitronen
- ¼ Tasse (59 ml) Olivenöl
- 1 Zwiebel, gewürfelt
- 2 Knoblauchzehen, zerdrückt
- 1 Bund italienische glatte Petersilie
- 1 Tasse (237 ml) Weißwein
- 1 Tasse (237 ml) Hühnerbrühe
- ½ Tasse (115 g) ungesalzene Butter
- 2 Tassen (454 g) Ziegenmilch-Ricotta
- CASONSEI
- Ravioli-Teig
-
- Italienische glatte Petersilie, gehackt
- ½ Tasse (86 g) Haselnüsse, gehackt

Richtungen

a) Um die Artischocken zu schmoren, füllen Sie eine große Schüssel mit Wasser und dem Saft von 1 Zitrone; auch die Zitronenhälften unterheben. Spülen Sie jede Artischocke ab und schneiden Sie den Stiel 12 mm ab. Schneiden Sie von der Oberseite jeder Artischocke 2,5 cm ab. Dann die Artischocke vom Stiel bis zur Spitze halbieren und den Choke mit einem Löffel entfernen.

b) Entfernen Sie die harten äußeren Blätter und schneiden Sie die Außenseite des Stängels mit einem Gemüsemesser ab. Die vorbereiteten Artischocken in die Schüssel mit Zitronenwasser geben, damit sie nicht braun werden. In einem großen Topf bei mittlerer Hitze Olivenöl, Zwiebel, Knoblauch und Petersilie hinzufügen und etwa 3 Minuten kochen lassen oder bis sie glasig sind. Die gereinigten Artischocken und den Weißwein hinzufügen. Den Weißwein auf die Hälfte einkochen lassen, ca. 2 Minuten.

c) Fügen Sie die Hühnerbrühe, die Schale einer Zitrone und Butter hinzu, und kochen Sie sie zugedeckt etwa 20 Minuten bei schwacher Hitze, bis sie weich sind. Für die Füllung die geschmorten Artischocken in einer Küchenmaschine mit dem Ricotta pulsieren, bis sie sich vermischt haben.

d) Zwei Bleche mit Grießmehl bestäuben. Für die Pasta den Teig ausrollen, bis das Blech gerade durchscheinend ist.

e) Schneiden Sie die ausgerollten Blätter in 30 cm große Stücke und decken Sie den Rest mit Plastikfolie ab. Legen Sie die Blätter auf eine trockene Arbeitsfläche und schneiden Sie die Nudelblätter mit einem geraden Radschneider oder einem Messer der Länge nach in zwei 7,5 cm breite Streifen.

f) Legen Sie mit einem Spritzbeutel oder einem Löffel $1\frac{1}{2}$ Zoll (3,8 cm) große Füllungsblöcke in die Mitte jedes Blattes in einer Reihe und lassen Sie etwa 2,5 cm zwischen den einzelnen Füllungsblöcken.

Zum Verschließen die Nudeln über die Füllung auf die gegenüberliegende Seite falten und mit den Zeigefingern an den Seiten der Füllstücke entlangdrücken, die Luft herausdrücken und die Nudeln verschließen.

g) Arbeiten Sie sich über die gesamte Länge des Blattes nach unten und versiegeln Sie jedes Füllstück einzeln. Verwenden Sie einen Spritzer Wasser, um es bei Bedarf zu versiegeln. Mit einem geriffelten Nudelrad die Ränder abschneiden und etwa 6 mm zwischen der Füllung und dem Schnitt lassen. Legen Sie Ihre Zeigefinger mit der geriffelten Kante von Ihnen abgewandt auf die Kanten und Ihre Daumen hinter die Füllung.

h) Bringen Sie die Ecken nah aneinander, aber berühren Sie sie nicht. Die Casonsei vorsichtig im Abstand auf die mit Grieß bestäubten Bleche legen. Bringen Sie einen großen Topf mit Wasser zum Kochen. Die Nudeln vorsichtig in das

Wasser geben und etwa 2 bis 3 Minuten al dente kochen.

i) Zum Servieren die Nudeln auf Schüsseln verteilen. Mit Petersilie und Haselnüssen garnieren.

44. Tortelli aus Schweinefleisch und Pastinaken mit Äpfeln

SERVIERTE 4-6

Zutaten

- FÜLLUNG
- Olivenöl
- 1 lb (454 g) gemahlenes Schweinefleisch
- 3 Knoblauchzehen, gehackt
- 3 Pastinaken, klein gewürfelt
- Koscheres Salz
- Frisch gemahlener schwarzer Pfeffer
- 1 Bund italienische glatte Petersilie
- ½ Tasse (90 g) geriebener Pecorino Romano
- TORTELLI
- Ravioli-Teig
-
- ½ Tasse (115 g) ungesalzene Butter
- 1 Esslöffel (16 g) Vollkornsenf

- 1 grüner Apfel, in dünne Scheiben geschnitten
- ½ Tasse (58 g) Walnüsse, gehackt

Richtungen

a) Für die Füllung in einer großen Pfanne bei starker Hitze etwas Olivenöl, Schweinefleisch, Knoblauch, Pastinaken, Salz und frisch gemahlenen schwarzen Pfeffer hinzufügen. Kochen, bis das Schweinefleisch braun und die Pastinaken weich sind, etwa 6 Minuten. Mit Petersilie und Pecorino Romano in eine Küchenmaschine geben und fein pulsieren.

b) Zwei Bleche mit Grießmehl bestäuben.

c) Für die Pasta den Teig ausrollen, bis das Blech gerade durchscheinend ist. Schneiden Sie die ausgerollten Blätter in 30 cm große Stücke und decken Sie den Rest mit Plastikfolie ab.

d) Legen Sie die Blätter auf eine trockene Arbeitsfläche und schneiden Sie die Nudelblätter mit einem geraden

Radschneider oder einem Messer der Länge nach in zwei 7,5 cm breite Streifen. Legen Sie mit einem Spritzbeutel oder einem Löffel $1\frac{1}{2}$ Zoll (3,8 cm) große Füllungsblöcke in die Mitte jedes Blattes in einer Reihe und lassen Sie ungefähr 12 mm zwischen den einzelnen Füllungsblöcken.

e) Zum Verschließen die Nudeln über die Füllung auf die gegenüberliegende Seite falten und mit den Zeigefingern an den Seiten der Füllstücke entlangdrücken, die Luft herausdrücken und die Nudeln verschließen. Arbeiten Sie sich über die gesamte Länge des Blattes nach unten und versiegeln Sie jedes Füllstück einzeln.

f) Verwenden Sie einen Spritzer Wasser, um es bei Bedarf zu versiegeln. Mit einem geriffelten Nudelrad die Ränder abschneiden und etwa 6 mm zwischen der Füllung und dem Schnitt lassen. Die Tortelli vorsichtig im Abstand auf die mit Grieß bestäubten Bleche legen.

g) Einen großen Topf mit Salzwasser zum Kochen bringen.

h) In der Zwischenzeit in einer großen Bratpfanne bei mittlerer Hitze die Butter hinzufügen und etwa 3 bis 4 Minuten braten, bis sie braun ist und ein nussiges Aroma hat. Vom Herd nehmen, Vollkornsenf dazugeben und verrühren.

i) Die Nudeln vorsichtig in das Wasser geben und etwa 2 bis 3 Minuten al dente kochen. Mit der braunen Butter in die Pfanne geben und vermengen.

j) Die Nudeln auf Teller verteilen. Mit dünn geschnittenen grünen Äpfeln und Walnüssen garnieren.

45. Scarpinocc aus Rüben und Rose

SERVIERTE 4-6

Zutaten

- ½ Tasse (115 g) Butter
- 2 lb (907 g) Rüben
- Olivenöl
- Koscheres Salz
- Frisch gemahlener schwarzer Pfeffer
- 3 Esslöffel (48 ml) Rosenwasser
- 1½ Tassen (341 g) Mascarpone
- 1½ Tassen (341 g) Ricotta-Käse
- Ravioli-Teig
- ½ Tasse (115 g) ungesalzene Butter
- 1 Esslöffel (8 g) Mohn

Richtungen

a) Den Backofen auf 425 °F (218 °C) vorheizen.

b) Um die Butter zu bräunen, in einer großen Bratpfanne bei mittlerer Hitze Butter hinzufügen. Kochen, bis es braun ist und ein nussiges Aroma hat, etwa 3 bis 4 Minuten. Beiseite legen.

c) Für die Füllung die Rüben in Olivenöl, Salz und frisch gemahlenem Pfeffer in einer großen Schüssel vermengen. Die Rote Bete in eine Auflaufform geben und fest mit Alufolie abdecken. Braten bis sie weich sind, wenn sie mit einem Messer durchbohrt werden, je nach Größe 45 bis 60 Minuten.

d) Beiseite stellen, bis sie kühl genug sind, um sie zu schälen und zu hacken. Dann in einer Küchenmaschine die Rüben mit Rosenwasser und brauner Butter pulsieren, bis sie sich vermischt haben. Mascarpone und Ricotta in einer Schüssel unterheben. Mit Salz und frisch gemahlenem Pfeffer würzen.

e) Zwei Bleche mit Grießmehl bestäuben.

f) Für die Pasta den Teig ausrollen, bis das Blech gerade durchscheinend ist. Schneiden Sie die ausgerollten Blätter in 30 cm große Stücke und decken Sie den Rest mit Plastikfolie ab.

g) Legen Sie die Blätter auf eine trockene Arbeitsfläche und schneiden Sie die Nudelblätter mit einem geraden Radschneider oder einem Messer in 6 cm lange und 5 cm breite Rechtecke. Legen Sie mit einem Spritzbeutel oder einem Löffel $1\frac{1}{2}$ Zoll (3,8 cm) große Stücke der Füllung in die Mitte des Rechtecks und lassen Sie auf jeder Seite etwa 6 mm Platz. Zum Verschließen den unteren Rand über die Füllung klappen und die Nudeln vorsichtig von sich wegrollen, sodass eine schlauchartige Form entsteht.

h) Verwenden Sie einen Spritzer Wasser, um es bei Bedarf zu versiegeln. Drücken Sie die Seiten zusammen, versiegeln Sie den Teig dort, wo die Füllung endet, und drücken Sie beide Enden mit den Daumen zusammen, um eine T-Formation zu bilden.

i) Vorsichtig in die Mitte der Füllung drücken, um ein Grübchen in der Pasta zu erzeugen. Die Scarpinocc vorsichtig im

Abstand auf die mit Grieß bestäubten Bleche legen.

j) Einen großen Topf mit Salzwasser zum Kochen bringen. Die Nudeln vorsichtig in das Wasser geben und etwa 2 bis 3 Minuten al dente kochen. Währenddessen Butter in einer mittelgroßen Bratpfanne bei mittlerer Hitze schmelzen. Die Nudeln in die Pfanne geben und vermengen.

k) Zum Servieren die Nudeln auf Teller verteilen. Mit Mohn garnieren.

46. Culurgiones mit Butter & Mandeln

SERVIERTE 4-6

Zutaten

- 1 lb (454 g) Yukon Goldkartoffeln geschält und geviertelt
- Olivenöl
- 1 Ei
- 1 Tasse (100 g) geriebener Pecorino Romano
- Koscheres Salz
- Frisch gemahlener schwarzer Pfeffer
- Grießteig
- $\frac{1}{2}$ Tasse (115 g) Butter
- $\frac{1}{4}$ Tasse (43 g) Mandeln, gehackt
- Pecorino Romano, zum Reiben

Richtungen

a) Für die Füllung die Kartoffeln in einen großen Topf geben. Mit kaltem Wasser bedecken und großzügig mit Salz würzen.

b) Bringen Sie den Topf mit Wasser zum Kochen und kochen Sie, bis die Kartoffeln gabelzart sind, etwa 20 bis 25 Minuten. Die Kartoffeln abgießen und durch eine Lebensmittelmühle oder einen Reiskocher geben. Sobald die Kartoffeln püriert sind, fügen Sie das Olivenöl, das Ei und den Pecorino Romano hinzu. Mit Salz und frisch gemahlenem Pfeffer würzen.

c) Zwei Bleche mit Grießmehl bestäuben.

d) Für die Pasta den Teig ausrollen, bis das Blech gerade durchscheinend ist. Schneiden Sie die ausgerollten Blätter in 30 cm große Stücke und decken Sie den Rest mit Plastikfolie ab.

e) Legen Sie die Blätter auf eine trockene Arbeitsfläche und schneiden Sie mit einem runden 3 Zoll (7,5 cm) großen Ausstecher Kreise in das Blatt. Mit einem Spritzbeutel oder einem Löffel etwa 1 Esslöffel (15 g) der Füllung in die Mitte des Nudelkreises geben und etwa 2,5 cm an den Seiten frei lassen.

f) Halten Sie zum Formen die gefüllte Pasta wie einen Taco in der Hand, drücken Sie den Teig unten zusammen, drücken Sie ihn nach oben, während Sie den nächsten Abschnitt zusammendrücken, und arbeiten Sie sich zum anderen Ende vor. Die Culurgiones vorsichtig im Abstand voneinander auf die mit Grieß bestäubten Bleche verteilen.

g) Einen großen Topf mit Salzwasser zum Kochen bringen. Die Nudeln vorsichtig in das Wasser geben und etwa 2 bis 3 Minuten al dente kochen.

h) Um die Butter zu bräunen, in einer großen Bratpfanne bei mittlerer Hitze Butter hinzufügen. Kochen, bis es braun ist und ein nussiges Aroma hat, etwa 3 bis 4 Minuten. Die Nudeln in der braunen Butter schwenken.

i) Zum Servieren die Nudeln auf Schüsseln verteilen. Mit Mandeln und geriebenem Pecorino Romano garnieren.

47. Kürbisravioli mit Erbsen

Ergibt 4 Portionen

Zutaten

- 1 Tasse Kürbis
- 1/2 Tasse extra fester Tofu, zerbröckelt
- 2 Esslöffel gehackte frische Petersilie
- Prise gemahlene Muskatnuss
- Salz und frisch gemahlener schwarzer Pfeffer
- 1 Veganer Nudelteig
- 2 oder 3 mittelgroße Schalotten, in Scheiben geschnitten
- 1 Tasse gefrorene Babyerbsen, aufgetaut

Richtungen

a) In einer Küchenmaschine Kürbis, Tofu, Nährhefe, Petersilie, Muskatnuss sowie Salz und Pfeffer nach Geschmack mischen. Beiseite legen.

b) Den Teig in 2 cm breite Streifen schneiden. Geben Sie 1 gehäuften Teelöffel Füllung auf 1 Nudelstreifen, etwa 1 Zoll von der Oberseite entfernt.
c) Einen weiteren Teelöffel Füllung auf den Nudelstreifen geben, etwa einen Zentimeter unter den ersten Löffel Füllung.
d) Die Teigränder leicht mit Wasser benetzen und einen zweiten Nudelstreifen auf den ersten legen, der die Füllung bedeckt.
e) Die beiden Teigschichten zwischen den Füllungsportionen zusammendrücken. Schneiden Sie die Seiten des Teigs mit einem Messer gerade ab, und schneiden Sie dann zwischen den einzelnen Füllungshügeln quer über den Teig, um quadratische Ravioli zu erhalten.
f) Die Ravioli auf einen bemehlten Teller geben und mit dem restlichen Teig und der Sauce wiederholen. Beiseite legen.

g) Das Öl in einer großen Pfanne bei mittlerer Hitze erhitzen. Schalotten hinzufügen und unter regelmäßigem Rühren etwa 15 Minuten kochen lassen oder bis die Schalotten tief goldbraun, aber nicht verbrannt sind. Erbsen dazugeben und mit Salz und Pfeffer abschmecken.

h) Die Ravioli in einem großen Topf mit kochendem Salzwasser etwa 5 Minuten kochen, bis sie oben schwimmen. Gut abtropfen lassen und mit den Schalotten und Erbsen in der Pfanne vermischen.

i) Kochen Sie für ein oder zwei Minuten, damit sich die Aromen vermischen können, bevor Sie sie in eine große Servierschüssel geben.

j) Sofort servieren.

NUDELN

48. Fettuccine mit Schwertmuscheln

SERVIERTE 4-6

Zutaten

- 1 lb (454 g) Parmigiano-Reggiano-Schwarte
- 1 Esslöffel schwarze Pfefferkörner
- 2 qt (1,9 l) Wasser
- 1 Knoblauchknolle
- Olivenöl
- Eierteig
- Olivenöl
- 1 Zwiebel Fenchel, in Scheiben geschnitten
- 1 Zwiebel, klein gewürfelt
- 2 Knoblauchzehen, gehackt
- 4 lb (1,8 kg) Rasiermessermuscheln
- 4 oz (113 g) Baccala
- 1 Tasse (237 ml) Weißwein
- 1 Bund Dill, gehackt

- Koscheres Salz
- Frisch gemahlener schwarzer Pfeffer
- Italienisches Brot
- Natives Olivenöl extra

Richtungen

a) Für die Brühe die Parmigiano-Reggiano-Schwarte und die Pfefferkörner in einem großen Topf bei mittlerer Hitze in Wasser geben. Zum Kochen bringen. Die Hitze reduzieren und köcheln lassen, dabei gelegentlich umrühren, damit der Käse nicht am Topfboden kleben bleibt. Kochen, bis die Brühe gewürzt und auf die Hälfte reduziert ist, etwa 2 Stunden.

b) Den Backofen auf 204 °C (400 °F) vorheizen. Von der gesamten Knoblauchknolle die Oberseite abschneiden. Auf ein Stück Alufolie legen und mit Olivenöl beträufeln. Etwa 45 Minuten rösten. Abkühlen lassen und dann die Nelken in eine Schüssel drücken und zerdrücken. Zwei Bleche mit Grießmehl bestäuben.

c) Um den gerösteten Knoblauchteig zuzubereiten, befolgen Sie die Anweisungen für Eierteig und mischen Sie den gerösteten Knoblauch mit den feuchten Zutaten. Um die Nudeln zuzubereiten, rollen Sie den Teig aus, bis das Blatt etwa 1,6 mm dick ist.

d) Schneiden Sie die ausgerollten Blätter in 30 cm große Stücke und stapeln Sie stapelweise etwa 4 Blätter übereinander, wobei Sie großzügig Grieß zwischen den Schichten bestäuben. Falten Sie den Teig zur Mitte und dann wieder zum anderen Ende, wie ein Buchstabe, um 3 Schichten zu bilden. Schneiden Sie den gefalteten Teig mit einem Messer in 6 mm breite Streifen. Mit den Händen den Grieß abschütteln und die Nudeln zu kleinen Nestern formen. Legen Sie die Fettuccine auf die mit Grieß bestäubten Bleche.

e) Bringen Sie einen großen Topf mit Wasser zum Kochen.

f) Um die Meeresfrüchte zu kochen, in einer großen Pfanne bei mittlerer Hitze das Olivenöl beträufeln. Fenchel, Zwiebel und Knoblauch dazugeben und etwa 5 bis 8 Minuten garen, bis sie weich sind. Die Schwertmuscheln, Baccala und Weißwein hinzufügen.

g) 5 bis 8 Minuten kochen lassen, bis der Wein reduziert und der Alkohol verkocht ist. Den Dill dazugeben und mit Salz und frisch gemahlenem schwarzem Pfeffer würzen.

h) Die Nudeln vorsichtig in das Wasser geben und etwa 2 bis 3 Minuten al dente kochen. Dann die gekochten Nudeln zu den Meeresfrüchten geben und vermengen.

i) Zum Servieren die Nudeln auf Schüsseln verteilen. Die Brühe auf die Nudeln geben. Mit einem Stück knusprigem italienischem Brot und einem Schuss nativem Olivenöl extra garnieren.

49. Farfalle mit gerösteten Tomaten

SERVIERTE 4-6

Zutaten

- Eierteig
- Olivenöl
- 1 Knoblauchzehe, in dünne Scheiben geschnitten
- 1 lb (454 g) Roma-Tomaten, halbiert
- 1 kalabrische Chili, in dünne Scheiben geschnitten
- Koscheres Salz
- Frisch gemahlener schwarzer Pfeffer
- Natives Olivenöl extra
- Pecorino Romano, zum Reiben
- Basilikum, zerrissen
- Zwei Bleche mit Grießmehl bestäuben.

Richtungen

a) Um die Nudeln zuzubereiten, rollen Sie den Teig aus, bis das Blatt etwa 1,6 mm dick ist.

b) Schneiden Sie die ausgerollten Blätter in 30 cm große Stücke und decken Sie den Rest mit Plastikfolie ab. Schneiden Sie die Blätter mit einem geraden Radschneider der Länge nach in 4 cm breite Streifen. Dann alle 5 cm über die Streifen schneiden, sodass Rechtecke entstehen.

c) Legen Sie mit dem Rechteck flach auf den Tisch Ihren Zeigefinger in die Mitte und Ihren Daumen und Mittelfinger auf gegenüberliegende Seiten auf den Teig. Bringen Sie dann Daumen und Mittelfinger zusammen mit Ihrem Zeigefinger und drücken Sie den zusammengerollten Teig vorsichtig zusammen, um die Fliege-Form zu bilden. Die Farfalle vorsichtig im Abstand auf die mit Grieß bestäubten Bleche legen.

d) Einen großen Topf mit Salzwasser zum Kochen bringen.

e) In einer großen Bratpfanne bei starker Hitze einen Schuss Olivenöl, Knoblauch, Tomaten und Chili hinzufügen. Mit Salz und frisch gemahlenem schwarzem Pfeffer würzen. Reduzieren Sie die Hitze auf eine niedrige Stufe und halten Sie sie warm, während Sie die Nudeln kochen.

f) Die Nudeln vorsichtig in das kochende Wasser geben und etwa 2 bis 3 Minuten al dente kochen. Die Nudeln mit den Tomaten in die Pfanne geben und vermengen.

g) Zum Servieren die Nudeln auf Schüsseln verteilen. Mit einem Schuss nativem Olivenöl extra, geriebenem Pecorino Romano und etwas zerrissenem Basilikum garnieren.

50. Tagliatelle primavera

SERVIERTE 4-6

Zutaten

- Eierteig
- Olivenöl
- 2 Knoblauchzehen, in dünne Scheiben geschnitten
- 1 rote Zwiebel, in dünne Scheiben geschnitten
- 1 grüne Zucchini, klein gewürfelt
- 1 Sommerkürbis, klein gewürfelt
- 1 rote Paprika, klein gewürfelt
- 8 oz (227 g) Kirschtomaten, halbiert
- 1 Bund Spargel, in Scheiben geschnitten
- 1 Pfund (454 g) Spinat
- Koscheres Salz
- Frisch gemahlener schwarzer Pfeffer
- Natives Olivenöl extra
- 1 Zitrone, geschält

- Parmigiano-Reggiano, zum Reiben

Richtungen

a) Zwei Bleche mit Grießmehl bestäuben.

b) Um die Nudeln zuzubereiten, rollen Sie den Teig aus, bis das Blatt etwa 1,6 mm dick ist.

c) Schneiden Sie die ausgerollten Blätter in 30 cm große Stücke und stapeln Sie stapelweise etwa 4 Blätter übereinander, wobei Sie großzügig Grieß zwischen den Schichten bestäuben.

d) Falten Sie den Teig zur Mitte und dann wieder zum anderen Ende, wie ein Buchstabe, um 3 Schichten zu bilden. Schneiden Sie den gefalteten Teig mit einem Messer in 6 mm breite Streifen. Mit den Händen den Grieß abschütteln und die Nudeln zu kleinen Nestern formen. Die Tagliatelle auf die mit Grieß bestäubten Bleche legen.

e) Einen großen Topf mit Salzwasser zum Kochen bringen.

f) In eine große Bratpfanne etwas Olivenöl, Knoblauch, rote Zwiebel, Zucchini, Sommerkürbis, Paprika, Tomaten und Spargel geben. Etwa 5 Minuten kochen, bis sie weich sind, und dann den Spinat hinzufügen.

g) Mit Salz und frisch gemahlenem schwarzem Pfeffer würzen. Die Nudeln vorsichtig in das kochende Wasser geben und etwa 2 bis 3 Minuten al dente kochen. Die Nudeln mit dem gesamten Gemüse in die Pfanne geben und vermengen.

h) Zum Servieren die Nudeln auf Schüsseln verteilen. Mit etwas nativem Olivenöl extra, Zitronenschale und geriebenem Parmigiano-Reggiano garnieren.

51. Spaghetti alla chitarra & pochiertes Ei

SERVIERTE 4-6

Zutaten

- 3½ Tassen (868 g) koscheres Salz
- 3 Esslöffel gemahlener schwarzer Pfeffer
- 2 Zweige Thymian
- 1 Zweig Rosmarin
- 3 Eigelb
- Eierteig
- 3 Esslöffel (48 ml) Tintenfischtinte
- 1 Esslöffel (16 ml) Essig
- 4-6 Eier
- Natives Olivenöl extra
- Gemahlener roter Pfeffer, nach Geschmack
- Koscheres Salz
- Frisch gemahlener schwarzer Pfeffer

Richtungen

a) Für das gepökelte Eigelb Salz, Pfeffer, Thymian und Rosmarin in einer Rührschüssel vermischen. Dann in einen Behälter mit flachem Boden etwa drei Viertel der Salzmischung geben. Mit den Händen einzelne Mulden für das Eigelb formen.

b) Das Eigelb vorsichtig in das Salz geben und mit der restlichen Salzmischung bedecken.

c) Decken Sie den Behälter ab und stellen Sie ihn 3 Tage in den Kühlschrank. Nach 3 Tagen sollte sich das Eigelb etwas fest anfühlen. Vorsichtig vom Salz lösen und den Überschuss abbürsten. Legen Sie das Eigelb einzeln in ein Käsetuch oder auf ein Gitter, um es weitere 3 Tage im Kühlschrank trocknen zu lassen.

d) Um die Tintenfisch-Spaghetti zuzubereiten, befolgen Sie die Anweisungen für Eierteig und mischen Sie die Tintenfischtinte mit den nassen Zutaten. Um die Nudeln zuzubereiten, rollen Sie den Teig aus, bis das Blatt etwa 1,6 mm dick ist.

e) Zwei Bleche mit Grießmehl bestäuben.

f) Wenn Sie den Teig mit einer Chitarra schneiden, schneiden Sie die ausgerollten Abschnitte auf die gleiche Länge wie Ihre Chitarra.

g) Bestäuben Sie beide Seiten des Teigs und die Oberseite der Saiten großzügig mit Grieß. Drücken Sie mit einem Nudelholz leicht auf den Teig, um ihn an Ort und Stelle zu setzen, damit er nicht abrutscht. Dann mit mehr Kraft nach unten drücken, um den Teig durch die Fäden in Spaghetti zu schneiden.

h) Überschüssigen Grieß abschütteln und zu kleinen Nestern formen. Die Spaghetti auf die mit Grieß bestäubten Bleche legen.

i) Wenn Sie die Spaghetti von Hand schneiden, schneiden Sie die ausgerollten Blätter in 30 cm große Stücke und stapeln Sie stapelweise etwa

4 Blätter übereinander, wobei Sie großzügig Grieß zwischen den Schichten bestäuben. Falten Sie den Teig zur Mitte und dann wieder zum anderen Ende, wie ein Buchstabe, um 3 Schichten zu bilden.

j) Schneiden Sie den gefalteten Teig mit einem Messer in 1,6 mm dicke Streifen (ungefähr so groß wie die Dicke des Teigs). Den Grieß mit den Händen abschütteln und zu kleinen Nestern formen. Die Spaghetti auf das mit Grieß bestäubte Blech geben.

k) Einen großen Topf mit Salzwasser zum Kochen bringen. Beginnen Sie in der Zwischenzeit damit, die Eier zu pochieren. In einem mittelgroßen Topf Wasser mit dem Essig zum Kochen bringen. Auf ein niedriges Köcheln reduzieren und das Wasser langsam schwenken, um einen Whirlpool zu erzeugen. Schlagen Sie das Ei portionsweise in das Wasser und lassen Sie es etwa 3 Minuten kochen, bis das Eiweiß etwas fest ist.

l) Mit einem Schaumlöffel vorsichtig herausnehmen und auf einem Papiertuch abtropfen lassen. Wenn alle Eier gekocht sind, die Nudeln in das kochende Wasser geben.

m) In einer großen Bratpfanne das Olivenöl und den zerdrückten roten Pfeffer hinzufügen. Die gekochten Nudeln in die Pfanne geben und vermengen. Mit Salz und frisch gemahlenem schwarzem Pfeffer würzen.

n) Zum Servieren auf Schüsseln verteilen. Das pochierte Ei vorsichtig auf die Nudeln legen. Mit nativem Olivenöl extra und geriebenem, gepökeltem Eigelb garnieren.

52. Pappardelle & Pilz-Bolognese

SERVIERTE 4-6

Zutaten

- Olivenöl
- 3 Knoblauchzehen, in dünne Scheiben geschnitten
- 2 Karotten, klein gewürfelt
- 2 Stangen Sellerie, klein gewürfelt
- 1 Zwiebel, klein gewürfelt
- 1,4 kg Waldpilze, klein gewürfelt
- Koscheres Salz
- Frisch gemahlener schwarzer Pfeffer
- 3 Esslöffel (48 g) Tomatenmark
- 1 Tasse (237 ml) Rotwein
- 1 (28-oz [794-g]) Dose zerdrückte Tomaten
- 1 Bund Thymian
- 1 Bund italienische glatte Petersilie
- Eierteig

- Parmigiano-Reggiano, zum Reiben
- Basilikum, in dünne Scheiben geschnitten

Richtungen

a) Für die Pilz-Bolognese in einem großen Topf bei mittlerer Hitze etwas Olivenöl hinzufügen. Dann Knoblauch, Karotten, Sellerie, Zwiebel und Champignons hinzufügen. Mit Salz und frisch gemahlenem schwarzem Pfeffer würzen und etwa 4 Minuten weich kochen. Fügen Sie das Tomatenmark hinzu und kochen Sie es etwa eine Minute lang unter häufigem Rühren.

b) Add the red wine and let it reduce by half, about 2 minutes. Then add the crushed tomatoes, thyme and chopped parsley. Reduce the heat to low and allow to cook for about 45 minutes.

c) Dust two sheet pans with semolina flour.

d) To make the pasta, roll out the dough until the sheet is about 1 / 16 -inch (1.6-mm) thick.

e) Cut the rolled-out sheets into 12-inch (30-cm) sections and, working in batches, stack about 4 sheets on top of one another, generously dusting semolina between the layers.

f) Fold the dough over to the middle and then again to the other end, like a letter, to form 3 layers. Using a knife, cut the folded dough into 1-inch (2.5-cm) strips. With your hands, shake off the semolina and form the pasta into small nests. Place the pappardelle on the semolina-dusted sheet pans.

g) Bring a large pot of salted water to a boil.

h) In einer großen Bratpfanne bei mittlerer Hitze einen Schuss Olivenöl und etwas Bolognese mit Champignons hinzufügen. Die Nudeln vorsichtig in das kochende Wasser geben und etwa 2 bis 3 Minuten al dente kochen. Die Nudeln mit der Sauce in die Pfanne geben und vermengen.

i) Zum Servieren die Nudeln auf Schüsseln verteilen. Mit geriebenem Parmigiano-Reggiano und Basilikum garnieren.

j) Schneiden Sie den gefalteten Teig mit einem scharfen Messer in 2,5 cm breite Streifen.

53. Kakaomafaldine mit Wachteln

SERVIERTE 4-6

Zutaten

- 4 Wachteln, entbeint
- Koscheres Salz
- Frisch gemahlener schwarzer Pfeffer
- Olivenöl
- 1 Karotte, klein gewürfelt
- 2 Stangen Sellerie, klein gewürfelt
- 1 Zwiebel, klein gewürfelt
- 3 Knoblauchzehen, gehackt
- 8 oz (227 g) Kirschtomaten
- 2 Esslöffel (32 g) Tomatenmark
- 1 Tasse (237 ml) Rotwein
- 2 Tassen (472 ml) Hühnerbrühe
- 1 Lorbeerblatt
- 1 Bund Thymian
- Eierteig
- 3 Esslöffel (21 g) Kakaopulver

- 1 Bund Schnittlauch, in dünne Scheiben geschnitten
- ½ Tasse (58 g) Walnüsse, grob gehackt

Richtungen

a) Den Backofen auf 177 °C (350 °F) vorheizen.

b) Für das Wachtelragout die Wachteln großzügig mit Salz und frisch gemahlenem schwarzem Pfeffer würzen. In einem großen Schmortopf bei starker Hitze einen Schuss Olivenöl und die Wachteln hinzufügen. Von allen Seiten anbraten, ca. 2 Minuten pro Seite. Beiseite legen. In denselben Topf etwas Olivenöl, Karotten, Sellerie, Zwiebeln, Knoblauch und Tomaten geben.

c) Kochen, bis sie weich sind, etwa 2 Minuten. Dann das Tomatenmark hinzufügen und unter häufigem Rühren etwa 1 Minute kochen lassen. Fügen Sie den Rotwein hinzu und lassen Sie ihn etwa 2 Minuten auf die Hälfte reduzieren. Hühnerbrühe, Lorbeerblatt und Thymian dazugeben und mit Salz und frisch gemahlenem schwarzem Pfeffer würzen. Die Wachteln in den Dutch Oven geben und zum Kochen bringen. Abdecken und in den Ofen stellen.

d) 2 Stunden garen, bis das Fleisch gabelzart ist. Vor dem Servieren das Lorbeerblatt entfernen.

e) Zwei Bleche mit Grießmehl bestäuben.

f) Um den Kakaoteig zuzubereiten, befolgen Sie die Anweisungen für Eierteig und mischen Sie das Kakaopulver mit den trockenen Zutaten.

g) Für die Pasta den Teig ausrollen, bis das Blech gerade durchscheinend ist. Schneiden Sie die ausgerollten Blätter in 30 cm große Stücke und decken Sie den Rest mit Plastikfolie ab.

h) Legen Sie die Blätter auf eine trockene Arbeitsfläche und schneiden Sie die Nudelblätter mit einem geriffelten Ausstecher der Länge nach in 6 mm breite Streifen. Mit den Händen den Grieß abschütteln und die Mafaldine auf die mit Grieß bestäubten Bleche legen.

i) Einen großen Topf mit Salzwasser zum Kochen bringen.

j) In einer großen Pfanne bei mittlerer Hitze etwas Wachtelragout hinzufügen. Die Nudeln vorsichtig in das kochende Wasser geben und etwa 2 bis 3 Minuten al dente kochen. Die gekochten Nudeln zum Ragu geben und vermengen.

k) Zum Servieren die Nudeln auf Schüsseln verteilen. Mit Schnittlauch und gehackten Walnüssen garnieren.

54. Kräuterfettuccine mit Muscheln

SERVIERTE 4-6

Zutaten

- ½ Tasse (118 ml) Olivenöl
- 1 Bund italienische glatte Petersilie
- 1 Bund Dill
- 1 Bund Estragon
- Eierteig
- Olivenöl
- 3 Knoblauchzehen, in dünne Scheiben geschnitten
- 1,4 kg Muscheln
- 2 Tassen (472 ml) Weißwein
- Olivenöl
- 4 oz (113 g) Speck, in ½ Zoll . geschnitten
- (12 mm) Stücke
- Koscheres Salz
- Frisch gemahlener schwarzer Pfeffer
- Espelette-Pfeffer nach Geschmack

- Italienische glatte Petersilie, gepflückt

Richtungen

a) In einer Küchenmaschine Olivenöl, Petersilie, Dill und Estragon hinzufügen. Verarbeiten, bis es vollständig glatt ist.

b) Um den Kräuterteig zuzubereiten, folge den Anweisungen für Eierteig , die pürierten Kräuter mit den feuchten Zutaten vermischen.

c) Zwei Bleche mit Grießmehl bestäuben.

d) Um die Nudeln zuzubereiten, rollen Sie den Teig aus, bis das Blatt etwa 1,6 mm dick ist.

e) Schneiden Sie die ausgerollten Blätter in 30 cm große Stücke und stapeln Sie stapelweise etwa 4 Blätter übereinander, wobei Sie großzügig Grieß zwischen den Schichten bestäuben.

f) Falten Sie den Teig zur Mitte und dann wieder zum anderen Ende, wie ein Buchstabe, um 3 Schichten zu bilden. Schneiden Sie den gefalteten Teig mit einem Messer in 6 mm breite Streifen.

Mit den Händen den Grieß abschütteln und die Nudeln zu kleinen Nestern formen. Legen Sie die Fettuccine auf die mit Grieß bestäubten Bleche.

g) In einem großen Topf bei starker Hitze einen Schuss Olivenöl und den Knoblauch hinzufügen. Dann die Muscheln und den Weißwein dazugeben. Die Muscheln zudecken und etwa 5 bis 6 Minuten dämpfen lassen. Sobald sich alle Schalen geöffnet haben, vom Herd nehmen und abkühlen lassen. Das Fleisch aus den Schalen nehmen und aufbewahren.

h) Einen großen Topf mit Salzwasser zum Kochen bringen.

i) In einer großen Bratpfanne bei mittlerer Hitze einen Schuss Olivenöl und den Speck hinzufügen. 3 Minuten kochen lassen und dann die Nudeln in das kochende Wasser geben. Bissfest kochen, ca. 2 bis 3 Minuten. Die Nudeln mit den Muscheln in die Pfanne geben und vermengen. Mit Salz und frisch gemahlenem schwarzem Pfeffer würzen.

j) Zum Servieren die Nudeln auf Schüsseln verteilen. Mit Espelette-Pfeffer und Petersilie garnieren.

55. Pizzoccheri mit Grana Padana

SERVIERTE 4-6

Zutaten

- 1 Tasse (120 g) Buchweizenmehl
- $2\frac{1}{4}$ Tassen (286 g) 00 Mehl
- 1 Esslöffel (16 g) koscheres Salz
- 14 Eigelb
- 2 Teelöffel natives Olivenöl extra
- 1 lb (454 g) Fingerling-Kartoffeln
- 2 Zweige Rosmarin
- Olivenöl
- 1 Bund Mangold, Rippchen entfernt,
- in Stücke schneiden
- 1 Knoblauchzehe, gehackt
- Koscheres Salz
- Frisch gemahlener schwarzer Pfeffer
- $\frac{1}{4}$ Tasse (58 g) ungesalzene Butter
- Grana Padano, zum Reiben

Richtungen

a) Für den Pizzoccheri-Teig Buchweizenmehl, 00 Mehl und Salz auf einer trockenen Arbeitsfläche mischen. Bilden Sie einen Hügel mit einem Durchmesser von etwa 25 cm. Mit den Händen eine Mulde in die Mitte der Mehl-Salz-Mischung formen. Eigelb und Öl langsam in die Mitte gießen und leicht schlagen. Das Mehl nach und nach mit den Fingern oder einer Gabel einarbeiten. Mehl, Eigelb und Öl mischen, bis es vollständig eingearbeitet ist. Wenn der Teig an Ihrer Arbeitsfläche klebt, fügen Sie etwas Mehl hinzu. Wenn sich der Teig trocken anfühlt, sprühen Sie ein wenig Wasser, um ihn zu verbinden.

b) Sobald der Teig zu einer Kugel geformt ist, kneten Sie ihn, indem Sie ihn mit dem Handballen nach unten drücken und drehen. Den Teig etwa 10 bis 15 Minuten kneten. Der Teig ist ausreichend geknetet, wenn er glatt aussieht und beim Drücken zurückspringt.

c) Wickeln Sie den Teig fest mit Plastikfolie ein und lassen Sie ihn vor der

Verwendung mindestens 30 Minuten bei Raumtemperatur ruhen.

d) In einem mittelgroßen Topf bei starker Hitze die Fingerlinge und den Rosmarin mit so viel Wasser hinzufügen, dass sie bedeckt sind. Zum Kochen bringen. Kochen Sie, bis die Kartoffeln teilweise gekocht sind, etwa 8 bis 10 Minuten. Abkühlen lassen und dann der Länge nach halbieren.

e) Zwei Bleche mit Grießmehl bestäuben. Um die Nudeln zuzubereiten, rollen Sie den Teig aus, bis das Blatt etwa 1,6 mm dick ist.

f) Schneiden Sie die ausgerollten Blätter in 30 cm große Stücke und stapeln Sie stapelweise etwa 4 Blätter übereinander, wobei Sie großzügig Grieß zwischen den Schichten bestäuben.

g) Schneiden Sie den gestapelten Teig mit einem geraden Radschneider in 12 mm x 7,5 cm große Streifen. Die Pizzoccheri auf die mit Grieß bestäubten Bleche legen.

h) Einen großen Topf mit Salzwasser zum Kochen bringen. In der Zwischenzeit in einer großen Bratpfanne bei mittlerer Hitze einen Schuss Olivenöl und die in Scheiben geschnittenen Fingerlinge (Schnittseite nach unten) hinzufügen.

i) Die Kartoffeln etwa 2 Minuten bräunen lassen, dann Mangold und Knoblauch hinzufügen. Mit Salz und frisch gemahlenem schwarzem Pfeffer würzen. Reduzieren Sie die Hitze auf niedrig und lassen Sie die Nudeln in das kochende Wasser fallen. al dente kochen, ca. 1 bis 2 Minuten. Die Nudeln mit dem Mangold in die Pfanne geben und vermengen.

j) Die Butter dazugeben und etwas Grana Padano hineinreiben. Zum Servieren auf Schüsseln verteilen. Mit mehr geriebenem Grana Padano garnieren.

56. Tagliarini mit Cerignola-Oliven

SERVIERTE 4-6

Zutaten

- Eierteig
- Olivenöl
- 1 Knoblauchzehe, gehackt
- 1 Tasse (180 g) Cerignola-Oliven, entkernt
- 4 Sardellenfilets, gehackt
- $\frac{1}{4}$ Tasse (60 g) Kapern, gehackt
- 1 Bund Petersilie, gehackt
- Koscheres Salz
- Frisch gemahlener schwarzer Pfeffer
- $\frac{1}{4}$ Tasse (45 g) geriebener Parmigiano-Reggiano
- Natives Olivenöl extra
- 1 Zitrone, geschält

Richtungen

a) Zwei Bleche mit Grießmehl bestäuben.

b) Um die Nudeln zuzubereiten, rollen Sie den Teig aus, bis das Blatt etwa 1,6 mm dick ist.

c) Schneiden Sie die ausgerollten Blätter in 30 cm große Stücke und stapeln Sie stapelweise etwa 4 Blätter übereinander, wobei Sie großzügig Grieß zwischen den Schichten bestäuben.

d) Falten Sie den Teig zur Mitte und dann wieder zum anderen Ende, wie ein Buchstabe, um 3 Schichten zu bilden. Schneiden Sie den gefalteten Teig mit einem Messer in 3 mm breite Streifen. Mit den Händen den Grieß abschütteln und die Nudeln zu kleinen Nestern formen. Die Tagliarini auf die mit Grieß bestäubten Bleche legen.

e) Einen großen Topf mit Salzwasser zum Kochen bringen.

f) In einer großen Bratpfanne bei mittlerer Hitze einen Schuss Olivenöl, Knoblauch, Oliven, Sardellen, Kapern, Petersilie, Salz und Pfeffer hinzufügen und verrühren. Die Nudeln vorsichtig in das kochende Wasser geben und etwa 2 bis 3 Minuten al dente kochen. Die Nudeln mit geriebenem Parmigiano-Reggiano in die Pfanne geben und vermengen.

g) Zum Servieren auf Schüsseln verteilen. Mit nativem Olivenöl extra und Zitronenschale garnieren.

57. Spaghetti cacio e pepe

SERVIERTE 4-6

Zutaten

- Eierteig
- ½ Tasse (115 g) ungesalzene Butter
- Frisch gemahlener schwarzer Pfeffer
- ¾ Tasse (75 g) geriebener Pecorino
- Romano, plus mehr zum Garnieren
- Natives Olivenöl extra

Richtungen

a) Zwei Bleche mit Grießmehl bestäuben.

b) Um die Nudeln zuzubereiten, rollen Sie den Teig aus, bis das Blatt etwa 1,6 mm dick ist.

c) Schneiden Sie die ausgerollten Blätter in 30 cm große Stücke und stapeln Sie stapelweise etwa 4 Blätter übereinander, wobei Sie großzügig Grieß zwischen den Schichten bestäuben.

d) Falten Sie den Teig zur Mitte und dann wieder zum anderen Ende, wie ein Buchstabe, um 3 Schichten zu bilden.

Schneiden Sie den gefalteten Teig mit einem Messer in 1,6 mm dicke Streifen (ungefähr so groß wie die Dicke des Teigs).

e) Mit den Händen den Grieß abschütteln und die Nudeln zu kleinen Nestern formen. Die Spaghetti auf die mit Grieß bestäubten Bleche legen.

f) Einen großen Topf mit Salzwasser zum Kochen bringen.

g) In einer großen Bratpfanne bei mittlerer Hitze die Butter hinzufügen und schmelzen. In der Zwischenzeit die Nudeln vorsichtig in das kochende Wasser geben und etwa 2 bis 3 Minuten al dente kochen. Die Nudeln mit der Butter in die Pfanne geben und vermengen. Großzügig mit frisch gemahlenem schwarzem Pfeffer und geriebenem Pecorino Romano würzen.

h) Zum Servieren die Nudeln auf Schüsseln verteilen. Mit Olivenöl und weiterem geriebenem Pecorino Romano garnieren.

58. Kastanienstracci mit Schweinerippchen

SERVIERTE 4-6

Zutaten

- 4 lb (1,8 kg) Schweinerippchen
- Koscheres Salz
- Frisch gemahlener schwarzer Pfeffer
- Olivenöl
- 2 Birnen, klein gewürfelt
- 3 Knoblauchzehen, gehackt
- 1 Zwiebel, klein gewürfelt
- 2 Karotten, klein gewürfelt
- 2 Stangen Sellerie, klein gewürfelt
- 1 Tasse (237 ml) Hühnerbrühe
- 1 (28-oz [794-g]) Dose zerdrückte Tomaten
- 1 Bund italienische glatte Petersilie
- Eierteig
- 3 Esslöffel (17 g) Kastanienmehl
- Olivenöl

- Italienische glatte Petersilie, gehackt
- Parmigiano-Reggiano, zum Reiben

Richtungen

a) Den Backofen auf 375 °F (190 °C) vorheizen.

b) Für die geschmorten Schweinerippchen die Rippchen großzügig mit Salz und frisch gemahlenem schwarzem Pfeffer würzen. In einem großen Schmortopf bei starker Hitze einen Schuss Olivenöl hinzufügen. Die Rippen stapelweise bräunen, etwa 2 Minuten auf jeder Seite, und beiseite stellen. Einen weiteren Spritzer Olivenöl, Birnen, Knoblauch, Zwiebeln, Karotten und Sellerie dazugeben und etwa 3 bis 4 Minuten weich kochen.

c) Dann die Hühnerbrühe, Tomaten und Petersilie hinzufügen. Mit Salz und frisch gemahlenem schwarzem Pfeffer würzen. Abdecken und in den Ofen stellen. 2 Stunden garen, bis das Fleisch vom Knochen fällt. Abkühlen lassen und die Rippchen wegwerfen. Warm halten.

d) Zwei Bleche mit Grießmehl bestäuben.

e) Um den Kastanienteig zuzubereiten, befolgen Sie die Anweisungen für Eierteig und mischen Sie das Kastanienmehl mit den trockenen Zutaten.

f) Um die Nudeln zuzubereiten, rollen Sie den Teig aus, bis das Blatt etwa 1,6 mm dick ist.

g) Schneiden Sie die ausgerollten Blätter in 30 cm große Stücke und decken Sie den Rest mit Plastikfolie ab.

h) Legen Sie die Blätter auf eine trockene Arbeitsfläche und schneiden Sie die Nudelblätter mit einem geraden Radschneider oder einem Messer in 5 cm große Quadrate. Stracci vorsichtig im Abstand auf die mit Grieß bestäubten Bleche legen.

i) Einen großen Topf mit Salzwasser zum Kochen bringen.

j) In einer großen Bratpfanne bei mittlerer Hitze einen Schuss Olivenöl und etwas von dem geschmorten Schweinerippchen-Ragout hinzufügen. Die Nudeln vorsichtig in das kochende Wasser geben und etwa 2 bis 3 Minuten al dente kochen. Die Nudeln mit dem Schweinefleisch in die Pfanne geben und vermengen.

k) Zum Servieren die Nudeln auf Schüsseln verteilen. Mit Petersilie und geriebenem Parmigiano-Reggiano garnieren.

59. Kräutergarganelli mit Artischocken

SERVIERTE 4-6

Zutaten

- ½ Tasse (118 ml) Olivenöl
- 1 Bund italienische glatte Petersilie
- 1 Bund Dill
- 1 Bund Estragon
- Eierteig
- 2 Zitronen, 1 entsaftet, 1 abgerieben
- 4 mittelgroße Artischocken
- ¼ Tasse (59 ml) Olivenöl
- 1 Zwiebel, gewürfelt
- 2 Knoblauchzehen, zerdrückt
- 1 Bund Petersilie
- 1 Tasse (237 ml) Weißwein
- 1 Tasse (237 ml) Hühnerbrühe
- ½ Tasse (115 g) ungesalzene Butter
- Olivenöl

- 1 Knoblauchzehe, in dünne Scheiben geschnitten
- 1 Meyer Zitrone, Saft und Schale
- Koscheres Salz
- Frisch gemahlener schwarzer Pfeffer
- Pecorino Romano, zum Reiben

Richtungen

a) In einer Küchenmaschine Olivenöl, Petersilie, Dill und Estragon hinzufügen. Verarbeiten, bis es vollständig glatt ist. Um die Kräuter-Garganelli zuzubereiten, befolgen Sie die Anweisungen für Egg Dough und mischen Sie das pürierte Grün mit den feuchten Zutaten.

b) Zwei Bleche mit Grießmehl bestäuben. Um die Nudeln zuzubereiten, rollen Sie den Teig aus, bis das Blatt etwa 1,6 mm dick ist.

c) Schneiden Sie die ausgerollten Blätter in 30 cm große Stücke und decken Sie den Rest mit Plastikfolie ab. Legen Sie die Blätter auf eine trockene Arbeitsfläche und schneiden Sie die Nudelblätter mit einem geraden Radschneider oder einem Messer in 5 cm große Quadrate.

d) Legen Sie das ausgeschnittene Quadrat diagonal auf Ihr Garganelli-Brett, sodass es einer Raute ähnelt. Platzieren Sie den Holzdübel an der Unterseite des Diamanten und rollen Sie ihn darüber.

e) Rollen Sie den Dübel mit leichtem Druck von sich weg, um die röhrenförmige Garganelli-Form zu bilden. Die Nudeln mit Abstand auf die mit Grieß bestäubten Bleche legen.

f) Um die Artischocken zu schmoren, eine große Schüssel mit Wasser und dem Saft von 1 Zitrone füllen und die Zitronenhälften ebenfalls darin schwenken. Spülen Sie jede Artischocke ab und schneiden Sie den Stiel 12 mm ab. Schneiden Sie von der Oberseite jeder Artischocke 2,5 cm ab. Dann jede Artischocke vom Stiel bis zur Spitze halbieren und den Choke mit einem Löffel entfernen. Entfernen Sie die harten äußeren Blätter und schneiden Sie die Außenseite des Stängels mit einem Gemüsemesser ab.

g) Die vorbereiteten Artischocken in die Schüssel mit Zitronenwasser geben, damit sie nicht braun werden. In einem großen Topf bei mittlerer Hitze das Olivenöl, die Zwiebel, den Knoblauch und die Petersilie hinzufügen und etwa 3 Minuten kochen lassen oder bis sie glasig sind. Die gereinigten Artischocken und den Weißwein hinzufügen.

h) Den Weißwein auf die Hälfte einkochen lassen, ca. 2 Minuten. Fügen Sie die Hühnerbrühe, die Schale von 1 Zitrone und Butter hinzu; abdecken und etwa 20 Minuten bei schwacher Hitze kochen, bis sie weich sind.

i) Einen großen Topf mit Salzwasser zum Kochen bringen. In einer großen Bratpfanne bei mittlerer Hitze einen Schuss Olivenöl, Knoblauch und geschmorte Artischocken hinzufügen. Die Nudeln vorsichtig in das kochende

Wasser geben und etwa 2 bis 3 Minuten al dente kochen.

j) Die gekochten Nudeln mit Zitronensaft in die Pfanne geben und vermengen. Mit Salz und frisch gemahlenem schwarzem Pfeffer würzen.

k) Zum Servieren die Nudeln auf Teller verteilen. Mit Zitronenschale und geriebenem Pecorino Romano garnieren.

60. Cappellacci & Auberginen-Caponata

SERVIERTE 4-6

Zutaten

- Eierteig
- Olivenöl
- 1 Zwiebel, klein gewürfelt
- 1 Knoblauchzehe, gehackt
- 1 große Aubergine, geschält und gewürfelt
- 3 Esslöffel (48 g) Tomatenmark
- 3 Esslöffel (45 g) Kapern, gehackt
- 1 Bund italienische glatte Petersilie
- Koscheres Salz
- Frisch gemahlener schwarzer Pfeffer
- $\frac{1}{4}$ Tasse (32 g) Pignoli-Nüsse, geröstet
- Basilikum, zerrissen
- Parmigiano-Reggiano, zum Reiben

Richtungen

a) Zwei Bleche mit Grießmehl bestäuben.

b) Um die Nudeln zuzubereiten, rollen Sie den Teig aus, bis das Blatt etwa 1,6 mm dick ist.

c) Schneiden Sie die ausgerollten Blätter in 30 cm große Stücke und decken Sie den Rest mit Plastikfolie ab. Legen Sie die Blätter auf eine trockene Arbeitsfläche und schneiden Sie mit einem runden 5-cm-Ausstecher Kreise in das Blatt. Um die Nudeln zu formen, wickeln Sie jede Runde Nudelteig um Ihren Zeigefinger, um einen offenen Kegel zu bilden.

d) Die Nudeln an den Rändern versiegeln und den Boden der Nudeln vorsichtig aufrollen. Die Cappellacci dei briganti vorsichtig auf die mit Grieß bestäubten Bleche verteilen, aufrecht und mit Abstand stehend.

e) Um die Auberginen-Caponata zuzubereiten, in einer großen Bratpfanne bei mittlerer Hitze einen Schuss Olivenöl, Zwiebeln, Knoblauch und Auberginen hinzufügen. Kochen Sie, bis die Aubergine sehr weich ist und auseinanderbricht, etwa 6 bis 8 Minuten. Dann Tomatenmark, Kapern und Petersilie dazugeben und mit Salz und frisch gemahlenem schwarzem Pfeffer würzen. Warm halten.

f) Einen großen Topf mit Salzwasser zum Kochen bringen. Die Nudeln vorsichtig in das kochende Wasser geben und etwa 2 bis 3 Minuten al dente kochen. Die Nudeln mit der Caponata und etwas Nudelwasser in die Pfanne geben. Rühren, um zu kombinieren.

g) Zum Servieren die Nudeln auf Schüsseln verteilen. Mit Pignoli-Nüssen, Basilikum und geriebenem Parmigiano-Reggiano garnieren.

61. Tintenfarfalle mit Oktopus

SERVIERTE 4-6

Zutaten

- Eierteig
- 3 Esslöffel (48 ml) Tintenfischtinte
- 1 (1,4 kg) Tintenfisch
- $\frac{1}{4}$ Tasse (59 ml) Olivenöl
- 1 Zwiebel, geviertelt
- 1 Knoblauchzehe
- 1 Bund Petersilie
- 1 Tasse (237 ml) Weißwein
- 2 Lorbeerblätter
- 3 Tomaten, gehackt
- Olivenöl
- 1 Zwiebel Fenchel, in dünne Scheiben geschnitten, Wedel
- reserviert
- 1 kalabrische Chili, in dünne Scheiben geschnitten

- 1 (15,5-oz [440-g]) Dose Kichererbsen
- Koscheres Salz
- Frisch gemahlener schwarzer Pfeffer
- 1 Zitrone, Saft und Schale

Richtungen

a) Um den Tintenfischteig zuzubereiten, befolgen Sie die Anweisungen für Eierteig und mischen Sie die Tintenfischtinte mit den nassen Zutaten. Um die Nudeln zuzubereiten, rollen Sie den Teig aus, bis das Blatt etwa 1,6 mm dick ist.

b) Zwei Bleche mit Grießmehl bestäuben.

c) Um die Nudeln zuzubereiten, schneide die ausgerollten Blätter in 30 cm große Stücke und decke den Rest mit Plastikfolie ab. Schneiden Sie die Blätter mit einem geraden Radschneider der Länge nach in 1½ Zoll (3,8 cm) breite Streifen. Dann alle 5 cm über die Streifen schneiden, sodass Rechtecke entstehen.

d) Legen Sie mit dem Rechteck flach auf den Tisch Ihren Zeigefinger in die Mitte und Ihren Daumen und Mittelfinger auf gegenüberliegende Seiten auf den Teig. Bringen Sie dann Daumen und Mittelfinger zusammen mit Ihrem Zeigefinger und drücken Sie den zusammengerollten Teig vorsichtig zusammen, um die Fliege-Form zu bilden. Legen Sie sie vorsichtig im Abstand voneinander auf die mit Grieß bestäubten Bleche.

e) Um den Oktopus in einem großen Topf bei starker Hitze zu schmoren, fügen Sie Oktopus, Olivenöl, Zwiebel, Knoblauch, Petersilie, Weißwein, Lorbeerblätter und Tomaten hinzu. Reduzieren Sie die Hitze, decken Sie es ab und lassen Sie es etwa $1\frac{1}{2}$ bis 2 Stunden kochen, bis es weich ist. Den abgekühlten Oktopus in Stücke schneiden. Vor dem Servieren das Lorbeerblatt entfernen.

f) Einen großen Topf mit Salzwasser zum Kochen bringen.

g) In einer großen gusseisernen Pfanne bei starker Hitze einen Schuss Olivenöl und den geschnittenen Oktopus hinzufügen. Den Oktopus anbraten, auf jeder Seite etwa 1 Minute kochen. Beiseite legen. In derselben Pfanne bei mittlerer Hitze einen Schuss Olivenöl, Fenchel, Chili und Kichererbsen hinzufügen. Mit Salz und frisch gemahlenem schwarzem Pfeffer würzen.

h) Die Nudeln vorsichtig in das kochende Wasser geben und etwa 2 bis 3 Minuten al dente kochen. Die gekochten Nudeln mit den Kichererbsen in die Pfanne geben und vermengen. Legen Sie den verkohlten Oktopus zurück in die Pfanne und werfen Sie ihn um.

i) Zum Servieren die Nudeln auf Teller verteilen. Mit Zitronensaft und Zitronenschale garnieren.

62. Minzcorzetti mit Lammwurst

SERVIERTE 4-6

Zutaten

- 1 Bund Minze
- 1 Tasse (237 ml) Weißwein
- 3 Tassen (381 g) 00 Mehl
- 2 Eier
- Olivenöl
- 1 Pfund Lammwurst, aus der Hülle genommen
- 3 Knoblauchzehen, gehackt
- 1 Pfund (454 g) Brokkoli Rabe, gehackt
- Zitrone, Saft und Schale
- Gemahlener roter Pfeffer, nach Geschmack
- Koscheres Salz
- Frisch gemahlener schwarzer Pfeffer

Richtungen

a) Für den Minz-Corzetti-Teig Minze und Weißwein in einer Küchenmaschine mischen und glatt rühren. Das 00-Mehl auf eine trockene Arbeitsfläche geben.

b) Bilden Sie einen Hügel mit einem Durchmesser von etwa 25 cm. Mit den Händen eine Mulde in die Mitte des Mehls formen. Eier und Minze/Wein-Emulsion langsam in die Mitte gießen und leicht schlagen. Das Mehl nach und nach mit den Fingern oder einer Gabel einarbeiten.

c) Kombinieren Sie die Mehl-Ei-Mischung, bis sie vollständig eingearbeitet ist. Wenn der Teig an Ihrer Arbeitsfläche klebt, fügen Sie etwas Mehl hinzu. Wenn sich der Teig trocken anfühlt, sprühen Sie ein wenig Wasser, um ihn zu verbinden.

d) Sobald der Teig zu einer Kugel geformt ist, kneten Sie ihn, indem Sie ihn mit dem Handballen nach unten drücken und drehen. Den Teig etwa 10 bis 15 Minuten kneten. Der Teig ist ausreichend geknetet, wenn er glatt aussieht und beim Drücken zurückspringt. Wickeln Sie den Teig fest mit Plastikfolie ein und lassen Sie ihn vor der Verwendung mindestens 30 Minuten bei Raumtemperatur ruhen.

e) Zwei Bleche mit Grießmehl bestäuben. Für die Corzetti den Teig ausrollen, bis das Blech etwa 1,6 mm dick ist.

f) Schneiden Sie die ausgerollten Blätter in 30 cm große Stücke und decken Sie den Rest mit Plastikfolie ab. Die Bleche auf eine trockene Arbeitsfläche legen und mit einem Corzetti-Stempel den Teig mit dem unteren Teil des Stempels rund ausstechen.

g) Legen Sie die ausgeschnittene Runde zwischen die beiden Teile des Stempels und üben Sie leichten Druck aus. Wenn Sie keinen Corzetti-Stempel haben, können Sie einfach einen runden Ausstecher von 2 Zoll (5 cm) verwenden, um Kreise auszuschneiden. Die Corzetti vorsichtig auf die mit Grieß bestäubten Bleche legen und bis zum Garen offen stehen lassen.

h) Einen großen Topf mit Salzwasser zum Kochen bringen. In einer großen Bratpfanne bei mittlerer Hitze einen Schuss Olivenöl, Lammwurst und Knoblauch hinzufügen. 5 bis 6 Minuten braten, bis sie braun sind. Den Brokkoliraben in die Pfanne mit der Wurst geben und etwa 2 bis 3 Minuten kochen, bis er zusammengefallen ist.

i) Mit Zitronensaft, Zitronenschale, zerstoßenem rotem Pfeffer, Salz und frisch gemahlenem Pfeffer würzen. Reduzieren Sie die Hitze auf eine niedrige Stufe und halten Sie sie warm.

j) Die Nudeln vorsichtig in das kochende Wasser geben und etwa 2 bis 3 Minuten al dente kochen. Die Nudeln in die Brokkoli-Rabe-Pfanne geben und vermengen. Zum Servieren die Nudeln auf Teller verteilen.

63. Kräuterfazzoletti mit Thunfisch

SERVIERTE 4-6

Zutaten

- Eierteig
- Kräuter oder essbare Blumen
- Olivenöl
- 2 Knoblauchzehen, gehackt
- 1 Fenchelknolle, in dünne Scheiben geschnitten, Wedel
- reserviert
- 1 (5-oz. [142-g]) Dose Thunfisch in Olivenöl
- 1 Tasse (180 g) Castelvetrano-Oliven, entkernt und gehackt
- 1 Zitrone, Saft und Schale
- Koscheres Salz
- Frisch gemahlener schwarzer Pfeffer

Richtungen

a) Zwei Bleche mit Grießmehl bestäuben.

b) Für die Pasta den Teig ausrollen, bis das Blech gerade durchscheinend ist.

c) Schneiden Sie die ausgerollten Blätter in 30 cm große Stücke und decken Sie den Rest mit Plastikfolie ab.

d) Legen Sie die Blätter auf eine trockene Arbeitsfläche und legen Sie die Kräuter im Abstand voneinander auf das gesamte Blatt. Ein weiteres Nudelblatt darauflegen und zum Verschließen nach unten drücken. Führen Sie das Blatt erneut durch die Maschine oder rollen Sie es von Hand, um die Kräuter zu versiegeln. Schneiden Sie die Nudelblätter mit einem geraden Radschneider oder einem Messer in 5 cm große Quadrate.

e) Die Fazzoletti vorsichtig im Abstand auf die mit Grieß bestäubten Bleche legen.

f) Bringen Sie einen großen Topf mit Wasser zum Kochen.

g) In einer großen Bratpfanne bei mittlerer Hitze einen Schuss Olivenöl, Knoblauch,

Fenchel, Thunfisch und Oliven hinzufügen. Die Nudeln vorsichtig in das kochende Wasser geben und etwa 2 bis 3 Minuten al dente kochen. Die Nudeln in die Pfanne geben und mit Zitronensaft, Zitronenschale, Salz und frisch gemahlenem schwarzem Pfeffer würzen.

h) Zum Servieren die Nudeln auf Schüsseln verteilen. Mit Fenchelwedeln garnieren.

64. Sorprese mit geröstetem Kürbis

SERVIERTE 4-6

Zutaten

- Olivenöl
- 2 Knoblauchzehen
- 1 Butternusskürbis, geschält und geschnitten
- in $\frac{1}{2}$ Zoll (12 mm) große Würfel
- Gemahlener roter Pfeffer, nach Geschmack
- Koscheres Salz
- Frisch gemahlener schwarzer Pfeffer
- Eierteig
- Olivenöl
- $\frac{1}{4}$ Tasse (58 g) ungesalzene Butter
- Koscheres Salz
- Frisch gemahlener schwarzer Pfeffer
- $\frac{1}{4}$ Tasse Haselnüsse, gehackt, geröstet
- Parmigiano-Reggiano, zum Reiben

- Minze, zerrissen

Richtungen

a) Den Backofen auf 177 °C (350 °F) vorheizen.

b) Für den gerösteten Butternusskürbis Olivenöl, Knoblauch, geschnittenen Kürbis, zerdrückte rote Paprika, Salz und frisch gemahlenen schwarzen Pfeffer in einer Schüssel vermengen. Auf eine Blechpfanne legen und im Ofen rösten, bis sie weich sind, etwa 35 bis 40 Minuten. Beiseite legen.

c) Zwei Bleche mit Grießmehl bestäuben.

d) Um die Nudeln zuzubereiten, rollen Sie den Teig aus, bis das Blatt etwa 1,6 mm dick ist.

e) Schneiden Sie die ausgerollten Blätter in 30 cm große Stücke und decken Sie den Rest mit Plastikfolie ab. Legen Sie die Blätter auf eine trockene Arbeitsfläche und schneiden Sie die Nudelblätter mit einem geraden Radschneider oder einem Messer in 2,5 cm große Quadrate.

f) Um die Form zu formen, das Teigquadrat in den Händen halten, über die gegenüberliegenden Ecken falten und zusammendrücken. Dann mit den freien Ecken in die entgegengesetzte Richtung umklappen und zusammendrücken. Die Form sollte einem Origami-Stück ähneln. Legen Sie die Sorprese mit Abstand auf die mit Grieß bestäubten Bleche.

g) Einen großen Topf mit Salzwasser zum Kochen bringen.

h) In einer großen Bratpfanne bei mittlerer Hitze einen Schuss Olivenöl, Butter und gerösteten Kürbis hinzufügen und vermengen. Die Nudeln vorsichtig in das kochende Wasser geben und etwa 2 bis 3 Minuten al dente kochen. Die gekochten Nudeln in die Pfanne geben und mit Salz und frisch gemahlenem schwarzem Pfeffer würzen.

i) Zum Servieren die Nudeln auf Schüsseln verteilen. Mit gehackten Haselnüssen, geriebenem Parmigiano-Reggiano und Minze garnieren.

GEBACKENE NUDELN

65. Ratatouille-Lasagne

SERVIERT 8-10

Zutaten

- Eierteig
- Natives Olivenöl extra
- 3 Knoblauchzehen, gehackt
- 1 Tasse (237 ml) Rotwein
- 2 (28-oz [794-g]) Dosen zerdrückt
- Tomaten
- 1 Bund Basilikum
- Koscheres Salz
- Frisch gemahlener schwarzer Pfeffer
- Olivenöl
- 1 Aubergine, geschält und klein gewürfelt
- 1 grüne Zucchini, klein gewürfelt
- 1 Sommerkürbis, klein gewürfelt
- 2 Tomaten, klein gewürfelt

- 4 Knoblauchzehen, in Scheiben geschnitten
- 1 rote Zwiebel, in dünne Scheiben geschnitten
- Koscheres Salz
- Frisch gemahlener schwarzer Pfeffer
- 3 Tassen (390 g) geriebener Mozzarella

Richtungen

a) Den Backofen auf 177 °C (350 °F) vorheizen und einen großen Topf mit Salzwasser zum Kochen bringen.

b) Zwei Bleche mit Grießmehl bestäuben. Um die Nudeln zuzubereiten, rollen Sie den Teig aus, bis das Blatt etwa 1,6 mm dick ist.

c) Schneiden Sie die ausgerollten Blätter in 30 cm große Stücke und legen Sie sie auf Bleche, bis Sie etwa 20 Blätter haben. Die Blätter in Chargen in das kochende Wasser fallen lassen und etwa 1 Minute kochen, bis sie gerade biegsam sind. Auf Küchenpapier legen und trocken tupfen.

d) Um die Sauce zuzubereiten, in einem Topf bei mittlerer Hitze das native Olivenöl extra, den Knoblauch hinzufügen und etwa eine Minute oder bis sie glasig ist anbraten. Rotwein dazugeben und auf die Hälfte einkochen lassen. Dann die zerdrückten Tomaten, Basilikum und Salz und Pfeffer hinzufügen. Etwa 30 Minuten auf niedriger Stufe köcheln lassen.

e) Für die Füllung in einer großen Pfanne bei starker Hitze etwas Olivenöl, Auberginen, Zucchini, Kürbis, Tomaten, Knoblauch und rote Zwiebeln hinzufügen. Mit Salz und frisch gemahlenem schwarzem Pfeffer würzen.

f) Zum Zusammenbauen die Sauce auf den Boden einer 22,9 × 33 cm großen Auflaufform geben. Legen Sie die Nudelblätter nach unten, wobei Sie sie leicht überlappen und den Boden der Schüssel bedecken. Das Ratatouille gleichmäßig über die Nudelblätter geben und mit Mozzarella bestreuen. Fügen Sie die nächste Schicht Nudelblätter in die entgegengesetzte Richtung hinzu und wiederholen Sie diese Schichten, bis Sie die Oberseite erreichen oder die gesamte Füllung aufgebraucht ist. Etwas Sauce gleichmäßig über das obere Blech geben und mit etwas mehr Mozzarella bestreuen.

g) Die Lasagne in den Ofen geben und etwa 45 Minuten bis 1 Stunde garen. Lassen Sie es etwa 10 Minuten abkühlen, bevor Sie es schneiden und servieren.

66. Auberginen-Cannelloni

FÜR 6-8

Zutaten

- Eierteig
- Olivenöl
- 3 Knoblauchzehen, gehackt
- 1 Tasse (237 ml) Rotwein
- 2 (28-oz [794-g]) Dosen zerdrückte Tomaten
- 1 Bund Basilikum
- Koscheres Salz
- Frisch gemahlener schwarzer Pfeffer
- Olivenöl
- 1 Aubergine, geschält und klein gewürfelt
- 4 Knoblauchzehen, in Scheiben geschnitten
- 3 Zweige Rosmarin, gehackt
- 4 Tassen (908 g) Ricotta-Käse
- 1 Tasse (130 g) geriebener Mozzarella

- Koscheres Salz
- Frisch gemahlener schwarzer Pfeffer

Richtungen

a) Den Backofen auf 177 °C (350 °F) vorheizen und einen großen Topf mit Salzwasser zum Kochen bringen.

b) Zwei Bleche mit Grießmehl bestäuben. Um die Nudeln zuzubereiten, rollen Sie den Teig aus, bis das Blatt etwa 1,6 mm dick ist.

c) Schneiden Sie die ausgerollten Blätter in 15 cm lange Stücke und legen Sie sie auf die Blechpfannen, bis Sie etwa 20 Blätter haben. Die Blätter in Chargen in das kochende Wasser fallen lassen und etwa 1 Minute kochen, bis sie gerade biegsam sind. Auf Küchenpapier legen und trocken tupfen.

d) Um die Sauce zuzubereiten, in einem Topf bei mittlerer Hitze das Olivenöl und den Knoblauch hinzufügen und etwa eine Minute oder bis sie durchscheinend dünsten. Rotwein dazugeben und auf die

Hälfte einkochen lassen. Dann die zerdrückten Tomaten, Basilikum, Salz und Pfeffer hinzufügen. Etwa 30 Minuten auf niedriger Stufe köcheln lassen.

e) Für die Füllung in einer großen Pfanne bei starker Hitze etwas Olivenöl, Auberginen, Knoblauch und Rosmarin hinzufügen und etwa 4 bis 5 Minuten weich kochen. Abkühlen lassen und in einer Schüssel mit Ricotta und Mozzarella mischen. Mit Salz und frisch gemahlenem schwarzem Pfeffer würzen.

f) Zum Zusammenbauen die Sauce auf den Boden einer 22,9 × 33 cm großen Auflaufform geben. Mit dem Nudelblatt der Länge nach ca. 3 Esslöffel (45 g) der Füllung nach unten an den Rand geben, der Ihnen am nächsten ist. Rollen Sie die Nudeln vorsichtig von sich weg und umhüllen Sie die Füllung. Die gefüllten Cannelloni in einer einzigen Schicht in die Auflaufform legen. Noch etwas Sauce auf die Cannelloni geben und mit geriebenem Mozzarella bestreuen.

g) Die Cannelloni in den Ofen geben und etwa 45 Minuten garen.

67. Spinat & Taleggio Rotolo

FÜR 6-8

Zutaten

- Eierteig
- Olivenöl
- 3 Knoblauchzehen, gehackt
- 1 Tasse (237 ml) Rotwein
- 2 (28-oz [794-g]) Dosen zerdrückt
- Tomaten
- 1 Bund Basilikum
- Koscheres Salz
- Frisch gemahlener schwarzer Pfeffer
- Olivenöl
- 2 Pfund (907 g) Spinat
- 1 Knoblauchzehe, gehackt
- Koscheres Salz
- Frisch gemahlener schwarzer Pfeffer
- 8 oz (227 g) Taleggio-Käse, gerieben
- 2 Tassen (454 g) Schafsmilch-Ricotta

- ½ Tasse (90 g) geriebener Parmigiano-Reggiano
- 1 Bund Basilikum, in dünne Scheiben geschnitten
- Parmigiano-Reggiano, zum Reiben
- Basilikum, zerrissen

Richtungen

a) Den Backofen auf 177 °C (350 °F) vorheizen und einen großen Topf mit Salzwasser zum Kochen bringen.

b) Zwei Bleche mit Grießmehl bestäuben. Um die Nudeln zuzubereiten, rollen Sie den Teig aus, bis das Blatt etwa 1,6 mm dick ist.

c) Schneiden Sie die ausgerollten Blätter in 15 cm lange Stücke und legen Sie sie auf die Blechpfannen, bis Sie etwa 20 Blätter haben. Die Blätter in Chargen in das kochende Wasser fallen lassen und etwa 1 Minute kochen, bis sie gerade biegsam sind. Auf Küchenpapier legen und trocken tupfen.

d) Um die Sauce zuzubereiten, in einem Topf bei mittlerer Hitze das native Olivenöl extra und den Knoblauch hinzufügen und etwa eine Minute dünsten oder bis sie glasig ist. Rotwein dazugeben und auf die Hälfte einkochen lassen. Dann die zerdrückten Tomaten, Basilikum, Salz und Pfeffer hinzufügen. Etwa 30 Minuten auf niedriger Stufe köcheln lassen.

e) Für die Füllung in einer großen Pfanne bei mittlerer Hitze etwas Olivenöl, Spinat und Knoblauch hinzufügen. Kochen, bis der Spinat zusammengefallen ist und mit Salz und frisch gemahlenem schwarzem Pfeffer würzen. Lassen Sie es abkühlen. In einer großen Schüssel den Spinat mit Taleggio, Ricotta, geriebenem Parmigiano-Reggiano und Basilikum vermengen.

f) Zum Zusammenbauen die Sauce auf den Boden einer 22,9 × 33 cm großen Auflaufform geben. Mit dem Nudelblatt der Länge nach ca. 3 Esslöffel (45 g) der

Füllung nach unten an den Rand geben, der Ihnen am nächsten ist.

g) Rollen Sie die Nudeln vorsichtig von sich weg und umhüllen Sie die Füllung. Dann die Rollen in 7,5 cm große Stücke schneiden. Den Rotolo mit der Füllungsseite nach oben in einer Schicht in die Auflaufform legen.

h) Noch etwas Sauce über die Nudeln geben und mit geriebenem Parmigiano-Reggiano und Basilikum bestreuen.

i) Den Rotolo in den Ofen geben und etwa 30 Minuten garen. Mit noch etwas frischem Basilikum garnieren.

68. Eskariol und Wurst-Cannelloni

FÜR 6-8

Zutaten

- Eierteig
- 3 Esslöffel (43 g) ungesalzene Butter
- 3 Knoblauchzehen, gehackt
- 3 Esslöffel (24 g) Mehl
- 2 Tassen (472 ml) Milch
- $\frac{1}{4}$ Tasse (45 g) geriebener Parmigiano-Reggiano
- Koscheres Salz
- Frisch gemahlener schwarzer Pfeffer
- Olivenöl
- 8 oz (227 g) süße italienische Wurst
- 1 Pfund (454 g) Brokkoli Rabe, gehackt
- 2 Knoblauchzehen, gehackt
- Gemahlener roter Pfeffer, nach Geschmack
- Koscheres Salz

- Frisch gemahlener schwarzer Pfeffer
- 1 Tasse (227 g) Ricotta
- ½ Tasse (90 g) geriebener Parmigiano-Reggiano
- Basilikum, zerrissen

Richtungen

a) Den Backofen auf 177 °C (350 °F) vorheizen und einen großen Topf mit Salzwasser zum Kochen bringen.

b) Zwei Bleche mit Grießmehl bestäuben. Um die Nudeln zuzubereiten, rollen Sie den Teig aus, bis das Blatt etwa 1,6 mm dick ist.

c) Schneiden Sie die ausgerollten Blätter in 15 cm lange Stücke und legen Sie sie auf die Blechpfannen, bis Sie etwa 20 Blätter haben. Die Blätter in Chargen in das kochende Wasser fallen lassen und etwa 1 Minute kochen, bis sie gerade biegsam sind. Auf Küchenpapier legen und trocken tupfen.

d) Für die Sahnesauce in einem Topf bei mittlerer Hitze Butter, Knoblauch und Mehl zu einer Mehlschwitze hinzufügen. 2 bis 3 Minuten kochen lassen, oder bis es ein nussiges Aroma hat. Dann die Milch und den Parmigiano-Reggiano dazugeben und gut verrühren. Mit Salz und frisch gemahlenem schwarzem Pfeffer würzen.

e) Für die Füllung in einer großen Bratpfanne Olivenöl darüberträufeln und die Wurst anbraten. Dann Brokkoliraben und Knoblauch dazugeben. Kochen, bis der Brokkoli-Rabe zusammengefallen ist und mit zerstoßenem rotem Pfeffer, Salz und frisch gemahlenem schwarzem Pfeffer würzen. Lassen Sie es abkühlen. In einer großen Schüssel Wurst und Broccoli Rabe mit Ricotta und geriebenem Parmigiano-Reggiano vermengen.

f) Zum Zusammenbauen die Sauce auf den Boden einer 22,9 × 33 cm großen Auflaufform geben. Mit dem Nudelblatt der Länge nach ca. 3 Esslöffel (45 g) der

Füllung nach unten an den Rand geben, der Ihnen am nächsten ist.

g) Rollen Sie die Nudeln vorsichtig von sich weg und umhüllen Sie die Füllung. Die gefüllten Cannelloni in einer einzigen Schicht in die Auflaufform legen. Noch etwas Sauce über die Cannelloni geben und mit geriebenem Parmigiano-Reggiano bestreuen.

h) Die Cannelloni in den Ofen geben und etwa 45 Minuten garen. Mit Basilikum garnieren.

69. Timballo

FÜR 6-8

Zutaten

- Eierteig
- 3 Eier
- 1 Tasse (180 g) geriebener Parmigiano-Reggiano
- 1 Bund italienische glatte Petersilie
- 3 Tassen (681 g) Ricotta-Käse
- 1 Tasse (227 g) heiße oder süße Soppressata
- 1 Ei, geschlagen

Richtungen

a) Den Backofen auf 177 °C (350 °F) vorheizen und einen großen Topf mit Salzwasser zum Kochen bringen.

b) Zwei Bleche mit Grießmehl bestäuben. Um die Nudeln zuzubereiten, rollen Sie den Teig aus, bis das Blatt etwa 1,6 mm dick ist.

c) Schneiden Sie die ausgerollten Blätter in 30 cm große Stücke und legen Sie sie auf die Blechpfannen, bis Sie etwa 10 Blätter haben.

d) Die Blätter in Chargen in das kochende Wasser fallen lassen und etwa 1 Minute kochen, bis sie gerade biegsam sind.

e) Auf Küchenpapier legen und trocken tupfen. Beginnen Sie in einer leicht geölten 22,9-cm-Springform damit, die gekochten Nudelblätter übereinander zu legen und sicherzustellen, dass die Pfanne vollständig bedeckt ist. Die Nudeln sollten lang genug sein, um über den Rand der Pfanne zu hängen.

f) In einer großen Rührschüssel Eier, geriebenen Parmigiano-Reggiano, Petersilie, Ricotta und Soppressata vermischen. Legen Sie die Füllung in die mit Nudeln ausgelegte Pfanne und beginnen Sie, die Füllung Stück für Stück mit den hängenden Teigblättern zu bedecken. Die Oberseite der Nudeln mit Ei bestreichen und in den Ofen stellen. 1 Stunde kochen.

g) Lassen Sie es etwa 10 Minuten abkühlen, bevor Sie es schneiden und servieren.

Nudelsaucen

70. Zitronen-Pasta-Sauce

Portionen: 4

Zutaten

- 4 Esslöffel Butter
- 1 Tasse schwere Schlagsahne
- 1 Esslöffel frischer Zitronensaft
- 1 Teelöffel Zitronenschale
- 1 Teelöffel abgeriebene Limettenschale
- 1 Tasse Rinderbrühe
- 10 Unzen ungekochte Nudeln

Richtungen

a) In einen guten Topf oder eine Pfanne, die groß genug ist, um die Nudeln zu tragen, wenn sie fertig sind, Butter, Sahne und Rinderbrühe oder vielleicht Bouillon hinzufügen und auf der Kanalheizung köcheln lassen, bis sie um etwa 50 % reduziert ist. Zitronensaft, Zitronen- und Limettenschale dazugeben und aufbewahren.

b) Bringen Sie einen großen Topf mit leicht gesalzenem normalem Wasser zum Kochen. Geben Sie die Nudeln und bereiten Sie das Essen 8 bis 10 Minuten lang oder bis es al dente ist; Abfluss. Nudeln mit Sauce schwenken; Dienen.

71. Schwarze Pasta in Gorgonzolasauce

Portionen: 6

Zutaten

- 1 (16-Unzen) schwarze Tintenfisch-Tintennudeln
- 1/4 Tasse natives Olivenöl extra
- je 3 Schalotten, gehackt
- 5 Knoblauchzehen, gehackt
- 1 Tasse Weißwein
- 1 Tasse Hühnerbrühe
- 8 Unzen Gorgonzola-Käse, zerbröckelt
- 1 (6-Unzen) Dose Tomatenmark
- 5 (1/2 Unze) Scheiben Schinken, gewürfelt
- Salz und frisch gemahlener schwarzer Pfeffer
- 1/4 Tasse geriebener Parmesankäse
- 6 Blätter frisches Basilikum, in dünne Streifen geschnitten

Richtungen

a) Bringen Sie einen großen Topf mit leicht gesalzenem Wasser zum Kochen. Legen Sie die Nudeln und bereiten Sie das Essen 8 bis 10 Minuten lang oder bis es al dente vor; Abfluss.
b) Öl in einer großen Pfanne bei mittlerer Hitze erhitzen. Schalotten und Knoblauch leicht goldbraun braten.
c) Wein und Geflügelfond angießen. Aufkochen, Gorgonzola untermischen. Tomatenmark und Schinken geben; zum kochen kommen. Mischen Sie die Hälfte und die Hälfte, reduzieren Sie die Hitze und köcheln Sie fünf Minuten. Mit Salz und Pfeffer abschmecken. Legen Sie Nudeln und werfen Sie sie gleichmäßig um.
d) Machen Sie, bis die Nudeln normalerweise durchgewärmt sind. Auf eine Servierplatte geben und mit Parmesan und Basilikum garnieren.

72. Herzhafte Zucchini-Pasta-Sauce

Portionen: 6

Zutaten

- 1/2 Pfund Rinderhackfleisch mageres Rinderhackfleisch
- 2 kleine Zucchini gehackt
- 1 Zwiebel gehackt
- 3 Zehen Knoblauch gehackt
- 1 Dose zerkleinerte Tomaten (28 Unzen) zerkleinerte Tomaten
- 1 Dose Tomatensauce (15 Unzen) Tomatensauce
- 2 Esslöffel Sucanat (kristallisierter Zuckerrohrsaft) oder nach Geschmack
- 1 Esslöffel Basilikum getrocknetes Basilikum
- 1 TL Salz Meersalz
- 1 Teelöffel Oregano getrockneter Oregano
- 1/4 Teelöffel schwarzer Pfeffer gemahlener schwarzer Pfeffer

- 1 Packung Spaghetti (16 Unzen) Vollkornspaghetti
- 1 Liter Wasser
- 1 Esslöffel Salz

Richtungen

a) Erhitze eine große Pfanne bei mittlerer bis hoher Temperatur. Kochen und rühren Sie Rindfleisch, Zucchini, Zwiebel und Knoblauch in der warmen Pfanne, bis das Rindfleisch normalerweise gebräunt und krümelig ist, 5 bis 7 Minuten; abtropfen lassen und Fett entsorgen.

b) Zerdrückte Tomaten, Tomatensauce, Sucanat, Basilikum, Meersalz, Oregano und dunklen Pfeffer unter die Rindfleischkombination mischen. Zum Kochen bringen, die Hitze auf niedrig reduzieren und köcheln lassen, bis sich die Aromen vermischt haben, mindestens dreißig Minuten oder bis zu mindestens eine Stunde für einen besseren Geschmack.

c) Während die Soße köchelt, gesalzenes Trinkwasser zum Kochen bringen und

Spaghetti nach Bündelrichtlinien zubereiten.

d) Sauce über warmen Nudeln servieren.

73. Sardellen-Oliven-Nudelsauce

Portionen: 5

Zutaten

- 4 Esslöffel Olivenöl
- (2-Unzen) Dose Sardellen in Öl verpackt, nicht entwässert
- Knoblauchzehen, gehackt
- 1 mittelgroße Zwiebel, gehackt
- 1 (4 1/4 - Unze) Dose gehackte schwarze Oliven, abgetropft
- 20 grüne Oliven, in Scheiben geschnitten
- 2 TL Kapern, abgetropft
- 1 Teelöffel getrocknetes Basilikum
- 2 Teelöffel italienische Gewürze
- 1/2 Teelöffel schwarzer Pfeffer
- 1 (16-Unzen) Dose Tomate
- 1 (6-Unzen) Dose Tomatenmark
- 3/4 Tasse Wasser
- 1/2 Tasse Marsala
- 1/2 Teelöffel rote Paprikaflocken

Richtungen

a) In einen mittelgroßen Topf ätherisches Olivenöl und Sardellen geben.
b) Bei mittlerer Hitze unter Rühren kochen, um die Sardellen zu pürieren, drei bis fünf 5 Minuten.
c) Fügen Sie Knoblauch und Zwiebel hinzu und kochen Sie, bis sie weich sind, ungefähr fünf Minuten.
d) Restliche Elemente einrühren und ohne Deckel eine Viertelstunde köcheln lassen.

74. Schwarze Oliven-Nudelsauce

Portionen: 6

Zutaten

- 2 2/5 Knoblauchzehen (zerdrückt und gehackt)
- 1 1/5 TL frische Chilischote
- 150 ml Öl
- 270 g Pflaumentomaten
- 1 1/5 Prise Salz und Pfeffer
- 1 1/5 Esslöffel Kapern
- 120 g schwarze Oliven (entsteint und halbiert)
- 1 1/5 Esslöffel Petersilie (gehackt)

Richtungen

a) Das Öl in einer tiefen Pfanne erhitzen, Knoblauch und Chili dazugeben und bei mittlerer Hitze anbraten, bis sie sicherlich eine goldene Farbe haben.

b) Tomaten schälen und grob hacken, in die Pfanne geben und mit Salz und Pfeffer würzen, bei minimaler Hitze ca. 20 Minuten oder bevor die Sauce eindickt, umkochen.

c) Vor dem Servieren Kapern, Oliven und Petersilie hinzufügen.

d) Mit gekochten Nudeln servieren.

74. Hühnchen-Pasta-Mango-Sauce

Portionen: 4

Zutaten

- 8 Unzen ungekochte Rigatoni-Nudeln
- 1 Esslöffel Olivenöl, geteilt
- 1 Brusthälfte, ohne Knochen und Haut (blank)s Hähnchenbrusthälften ohne Haut, ohne Knochen - 1 Zwiebel gewürfelt, in Scheiben geschnitten und in Ringe getrennt
- 1 grüne Paprika, in dünne Streifen geschnitten
- 3 Zehen Knoblauch, gehackt
- 1 Teelöffel frischer Ingwer, gehackt
- 1 Mango - geschält, entkernt und gehackt
- 1 Tasse Sahne
- 1 Teelöffel Salz und Pfeffer nach Geschmack
- 1 EL geriebener Parmesankäse
- 4 Zweige frische Petersilie, zum Garnieren

Richtungen

a) Einen großen Topf mit leicht gesalzenem Trinkwasser zum Kochen bringen. Rigatoni-Nudeln anrichten, 8 Minuten kochen lassen, bis sie fast fertig sind, und abtropfen lassen.

b) 1/2 des ätherischen Olivenöls in einer großen Pfanne bei mittlerer Temperatur erhitzen. Hähnchen in die Pfanne geben und zehn . kochen

c) Minuten, oder bis die Säfte klar funktionieren. Von der Temperatur nehmen und beiseite stellen.

d) Das restliche Olivenöl in der Pfanne erhitzen und die Zwiebel und den grünen Pfeffer weich machen. Kombinieren Sie Knoblauch, Ingwer und Mango und fahren Sie fort, fünf Minuten lang zu kochen und zu mischen, oder bis die Mango definitiv sanft ist. Die große Sahne nach und nach in die Pfanne mischen und fünf Minuten dauern, bis sie eingedickt ist.

e) Bring das Hühnchen in die Pfanne zurück. Die teilweise vorbereiteten Nudeln untermischen und mit Salz und Pfeffer würzen. 2 Minuten kochen und mischen, bis die Materialien sehr gut vermischt sind und die Nudeln normalerweise al dente sind. Die Mischung im Käse. Zum Anrichten mit Petersilie garnieren.

75. Brokkoli-Pasta-Sauce

Portionen: 5

Zutaten

- 1 Pfund Brokkoli, Julienne
- 2/3 Tasse gehackte Frühlingszwiebeln
- 1/3 Tasse Butter
- 1 Tasse halb und halb
- 1 Teelöffel getrocknetes Basilikum
- 1 Knoblauchzehe, zu einer Paste zerdrückt
- 1/2 Tasse Parmesankäse
- 1/2 Tasse Gorgonzola, in kleine Würfel geschnitten
- 1 Prise Cayenne
- 1 Pfund Linguine, al dente gekocht
- 1/3 Tasse fein gehackte Walnüsse, leicht geröstet

Richtungen

a) Brokkoli in kochendem, gesalzenem Trinkwasser 3-4 Minuten kochen, bis er weich ist.

b) Abgießen und unter kaltem, fließendem Trinkwasser erfrischen und trocken tupfen.

c) In Butter enthaltene Frühlingszwiebeln kochen, bis sie weich sind; Sahne,

Basilikum und Knoblauch geben; köcheln lassen, umrühren.

d) Fügen Sie Käse hinzu und mischen Sie, bis sich alles gut vermischt hat.
e) Rühren Sie Brokkoli und Cayennepfeffer und Salz und Pfeffer nach Geschmack und machen Sie es bis zum Erhitzen.
f) Die Sauce über Linguine servieren und mit gerösteten Walnüssen bestreuen.

76. Einfache Pastasauce

Portionen: 5

Zutaten

- 1 (14 1/2-16 Unzen) Dose gehackte Tomate
- 1 (6-Unzen) Dose Tomatenmark
- 1 Rinderbrühewürfel oder 1 Hühnerbrühewürfel
- 1/2 Esslöffel italienische Gewürze
- 1 gehackte Knoblauchzehe
- 1/2 Esslöffel Olivenöl
- 1/2 Esslöffel geriebener Parmesankäse
- 1 Prise Pfeffer
- 1/8 Teelöffel rote Paprikaflocken

Richtungen

a) In einem mittelgroßen Topf Knoblauch nach Belieben in ätherischem Olivenöl anbraten. Falls Sie sich ganz sicher dagegen entscheiden, fahren Sie mit Schritt 2 fort 2.

b) Alle Zutaten bis auf die purpurroten Pfefferflocken vermischen. Bei mittlerer Hitze köcheln lassen, bis die Sauce kocht; Tomaten beim Köcheln zerdrücken. Köcheln lassen, bis die gewünschte Konsistenz erreicht ist (ohne Tomatenmark dauert dies länger).

c) Fügen Sie in den letzten 5 Minuten nach dem Kochen karmesinrote Pfefferflocken hinzu.
d) Über der am meisten gewünschten Pasta servieren oder einfrieren.

77. Einfache hausgemachte Pastasauce

Portionen: 5

Zutaten

- 2 Teelöffel Olivenöl
- 1 mittelgroße Zwiebel, gehackt
- 2 Esslöffel Knoblauch, gehackt
- 2 (15-Unzen) Dosen Tomatensauce (kann eine der Dosen durch zerdrückte oder gedünstete Tomaten ersetzen, wenn Sie Tomatenstücke mögen)
- 1 (6-Unzen) Dose Tomatenmark
- 1 Teelöffel getrockneter Oregano
- 1 Teelöffel getrockneter Rosmarin
- 1/2 Teelöffel zerdrückte Paprikaflocken (kann nach Belieben weggelassen werden)
- 3/4 Teelöffel Salz
- 1/4 Teelöffel Pfeffer
- 1 Teelöffel Zucker

Richtungen

a) In einer Pfanne ätherisches Olivenöl bei mittlerer Hitze erhitzen.

b) Zwiebel zugeben und anschwitzen, bis sie weich ist. Knoblauch dazugeben und eine weitere Minute kochen lassen.
c) Rühren Sie in Tomatenprodukten, Oregano, Rosmarin, zerstoßenem rotem Pfeffer, Salz und Pfeffer. Soße anrichten und nach Belieben Glukose hinzufügen.
d) Zum Kochen bringen, dann die Hitze reduzieren und etwa 10 Minuten köcheln lassen, bis es wirklich etwas eingedickt ist. Verwenden Sie wie gewünscht.

78. Zitrus-Pasta-Sauce

Portionen: 8

Zutaten

- 9 3/5 große reife Tomaten, geviertelt und entkernt und gehackt
- 3 1/5 2 -4 Esslöffel Olivenöl
- 6 2/5 Knoblauchzehen, geschält, gehackt
- 4/5 Tasse gewaschene, getrocknete und entstielte Basilikumblätter, gehackt
- 2/5 Tasse italienische Petersilie, gewaschen und gehackt
- 16 frische Oliven, entkernt und gehackt (grün oder schwarz)
- 2/5 Tasse Kapern
- 3 1/5 Esslöffel Balsamico-Essig
- 1 3/5 TL geriebene Orangenschale oder 1 TL Zitronenschale Salz & frisch gemahlener schwarzer Pfeffer Parmesankäse zum Bestreuen der fertigen Pasta

Richtungen

a) Alle Zutaten (außer Käse) in eine Schüssel geben und vermengen.
b) Nudeln kochen, mit Sauce vermengen, mit Käse bestreuen.

79. Pizza- und Pastasauce

Portionen: 5

Zutaten

- 1 (29 Unzen) Dose Tomatenpüree
- 12 Unzen Bier
- 2 Esslöffel weißer Zucker
- 1 1/2 Teelöffel Knoblauchpulver
- 1 1/2 Teelöffel getrocknetes Basilikum
- 1 1/2 Teelöffel getrockneter Oregano
- 1 Teelöffel Salz

Richtungen

a) Alle Zutaten in einem Topf finden.

b) Mehr als bei mittlerer Hitze zum Kochen bringen.

c) Reduzieren Sie die Hitze auf mittel-niedrig und köcheln Sie dreißig Minuten.

80. Authentische Schweinefleisch-Pasta-Sauce

Portionen: 5

Zutaten

- 2 Esslöffel Olivenöl
- 2 lbs Schweinerippchen, je nach Größe halbiert oder gedrittelt
- 1 mittelgroße Zwiebel, fein gehackt
- 2 Knoblauchzehen, gehackt
- 1 (28-Unzen) Dose Pflaumentomate
- 1 (6-Unzen) Dose Tomatenmark
- 6 Unzen Wasser
- 1 Teelöffel Salz
- 1/2 Teelöffel Pfeffer
- 1/4 Teelöffel trockener Oregano
- 1/2 Teelöffel Knoblauchpulver
- 1 1/2 Teelöffel Fenchelsamen

Richtungen

a) Braune Rippen auf Öl.

b) Rippchen aus dem ätherischen Öl nehmen und Zwiebeln und Knoblauch glasig dünsten.

c) Tomaten und Trinkwasser hinzufügen.
d) Erhöhen Sie die Hitze und laden Sie die Sauce zum Kochen ein, wobei Sie gelegentlich kombinieren, damit der Boden nicht anbrennt.
e) Hitze reduzieren und 2 Stunden ohne Deckel köcheln lassen, bis das Fleisch definitiv von den Knochen fällt.

81. 30-Minuten-Nudelsauce

Portionen: 5

Zutaten

- 1/4 Tasse Olivenöl
- 1 Prise rote Paprikaflocken
- 1 Prise Fenchelsamen (optional)
- 6 -10 Knoblauchzehen, gehackt
- 1 (28-Unzen) Dose Tomate, mit dem Saft, gehackt (ich mache es mit einer Schere)
- 2 Teelöffel getrocknetes Basilikum
- 2 Teelöffel getrockneter Majoran
- 1 Teelöffel getrockneter Oregano
- 1 Prise Salz

Richtungen

a) Das Öl in einer großen Pfanne erhitzen.

b) Put the pepper, fennel and garlic and sauté a short while just before the garlic is golden (not really brown!).

c) Put the tomatoes with their juice, the herbs and salt.

d) Stir to mix, bring to an excellent simmer, turn heat to low and make cook, uncovered, for approximately 20 minutes.
e) Blend with cooked pasta and serve.

82. Carrot Pasta Sauce

Servings: 5

Ingredients

- 1 small white onion
- 1 carrot, finely grated about one cup
- 1 1/2 tablespoons tamari soy sauce or 1 1/2 tablespoons soy sauce
- 3 tablespoons extra virgin olive oil
- 2 tablespoons Parmesan cheese
- 1 tablespoon fresh parsley, for topping
- 1 tablespoon roasted sunflower seed
- 8 ounces penne (or pasta of your choice)

Directions

a) Chop the onions good and sauté them found in a skillet with the essential oil for about ten minutes. Put the grated carrots and make for other 5-8 minutes adding your soy sauce and some Tablespoons of the pasta water to keep carefully the sauce moist. When prepared purée the sauce in a palm blender and place it back the skillet.

b) For the time being cook the pasta as directed and before draining it save a couple of spoons of its water. Put the pasta to the skillet and combine until well put together.

c) Serve the pasta topped with sunflower seeds, parsley, parmesan cheese and a swirl of essential olive oil.

83. Artichoke Spinach Pasta Sauce

Servings: 8

Ingredients

- 1/2 (13.5 ounce) can chopped spinach
- 1 (16-ounce) jar alfredo sauce
- 1 (14-ounce) can artichoke hearts, drained and chopped
- 1/2 cup shredded mozzarella cheese
- 1/3 cup shredded Parmesan cheese
- 1/4 (8-ounce) package cream cheese, softened
- 2 cloves garlic, chopped
- 1 Roma tomato, diced
- 1/2 cup water

Directions

a) Dice spinach in food processor.

b) Whisk spinach, Alfredo sauce, artichoke hearts, mozzarella cheese, Parmesan cheese, cream cheese, garlic, and tomato in a pot.

84. Squash Pasta Sauce

Servings: 4

Ingredients

- 2 cups squash butternut squash, cubed
- 1 tablespoon olive oil olive oil
- 1 tablespoon butter
- 1/3 cup onion finely chopped
- 3 cloves garlic minced
- 1/3 apple peeled and chopped
- 1 cup chicken broth chicken broth
- 1/3 cup milk
- 1/3 cup cheese Italian cheese blend (Parmesan Asiago and Romano)
- 1 pinch black pepper salt and ground black pepper to taste

Directions

a) Place the squash right into a saucepan, cover with water, and take to a good boil.

b) Simmer the squash until extremely tender, 15 to 20 minutes. Drain excess drinking water. Prepared squash should equal 2 cups.

c) Heat essential olive oil and butter in a good skillet over medium-low temperature, and make the onion, garlic, and apple, stirring frequently, until softened and brown, about quarter-hour.

d) Put butternut squash and poultry broth, and take to a boil over medium temperature. Reduce heat merely to a simmer, and mix in the milk and cheese mix.

e) Stir before cheese provides melted and the sauce has already reached the desired thickness, 5 to ten minutes.

85. Mushroom Pasta Sauce

Servings: 5

Ingredients

- 1/3 cup olive oil (or use enough sauce to coat the bottom of your skillet)
- 3 teaspoons dried basil
- 3 teaspoons oregano
- 1 -2 teaspoon dried chili pepper flakes (or to taste)
- 1 large bay leaf
- 1 medium onion, finely chopped
- 6 garlic cloves, finely chopped tablespoons (or to taste, I like lots of garlic!)
- 1 (6-ounce) can tomato paste
- 1 lb lean ground beef
- 1/2 lb Italian sausage, casings removed
- 1/2 cup dry red wine
- 1 (28-ounce) can crushed tomato
- 1 (8-ounce) can tomato sauce

- 1 1/2 cups good-quality beef broth
- 3/4 lb button mushroom (or use a couple cans whole drained mushrooms, but fresh is better!)
- 1 -2 teaspoon white sugar
- 1 tablespoon Worcestershire sauce (or to taste)
- 1 tablespoon salt (or to taste a good tomato sauce need lots of salt)
- 1 teaspoon fresh ground black pepper fresh grated Parmesan cheese

Directions

a) In a Dutch oven heat oil, after that add the basil, oregano, chili flakes, bay leaf and onion; sauté, stirring with a wooden spoon for approximately 4 minutes (this will discharge the flavors in the spices).

b) Add garlic and prepare for 2 minutes.

c) Add tomato paste and prepare to stir with a wooden spoon for 2 minutes.

d) Add ground beef and sausage meats; cook until very well browned (about ten minutes) drain any fat.

e) Add in your wine and simmer for 2-3 minutes, stirring.
f) Add crushed tomatoes, tomato sauce, beef broth, mushrooms, sugar, 2 tablespoons salt, Worcestershire sauce; deliver to a boil, decrease temperature and simmer partially protected for approximately 2 hours (or you can simmer for longer on low temperature).
g) Season with black pepper.
h) Take away the bay leaf and provide over hot prepared pasta then sprinkle with lots grated Parmesan cheese.

i) Pasta Primavera Sauce

Servings: 5

Ingredients

- 1 (14 1/2 - ounce) can diced tomato
- 1 (6-ounce) can tomato paste
- 3/4 cup fresh broccoli florets
- 3/4 cup thinly sliced carrot
- 3/4 cup sliced onion
- 1/2 cup zucchini, cut into chunks
- 1/2 cup sliced green bell pepper
- 1/2 cup red bell pepper, sliced
- 2 cloves garlic, chopped
- 2 bay leaves
- 1 tablespoon olive oil
- 1/2 teaspoon dried basil
- 1/2 teaspoon dried rosemary
- 1/2 teaspoon dried oregano
- 1/2 teaspoon dried thyme
- 1 1/2 teaspoons salt

- 1/4 teaspoon ground black pepper
- 1 teaspoon white sugar
- 1/2 cup water

Directions

a) In a huge pot incorporate combine all of the ingredients Every one of them together at once!

b) Heat to only boiling, covers and reduce temperature to simmer.

c) Cook until all veggies are tender, approximately 45 minutes.

d) Stir occasionally.

e) Serve with cooked pasta of your decision!

86. Classic Alfredo Sauce

Servings: 2

Ingredients

- 3 tablespoons butter
- 8 fluid ounces heavy whipping cream
- salt to taste
- 1 pinch ground nutmeg
- 1/4 cup grated Parmesan cheese
- 1/4 cup grated Romano cheese
- 1 egg yolk
- 2 tablespoons grated Parmesan cheese

Directions

a) Melt butter or margarine in a good saucepan over medium-high temperature. Put heavy cream, stirring constantly. Mix in salt, nutmeg, grated Parmesan cheese, and grated Romano cheese.

b) Mix constantly until melted, in that case, combine in egg yolk.

c) Simmer over medium low high temperature for three to five minutes.

d) Garnish with further grated Parmesan cheese, if wanted.

87. Chicken and Pasta Sauce

Servings: 5

Ingredients

- 3 tablespoons butter or 3 tablespoons olive oil
- 4 chicken breasts, split, skinned and boned
- 2 tablespoons flour
- 1 cup chicken broth
- 1/2 cup half-and-half
- 2 tablespoons Dijon mustard
- 2 tomatoes, cut in wedges or 2 canned tomatoes, drained
- 2 tablespoons minced fresh parsley
- 1 cup frozen peas
- 2 tablespoons canned capers

Directions

a) Melt butter or essential olive oil in a sizeable skillet.

b) Combine chicken breasts and cook until finished and lightly browned, about 20 minutes.

c) Remove poultry to a nice serving platter.

d) Mix flour into pan drippings found in a skillet, cook for 1 minute.

e) Add the poultry broth, half, and one half.
f) Stir and cook before sauce thickens and bubbles, add mustard, capers, and frozen peas.
g) Return poultry to skillet, go over, and heat for ten minutes.
h) Garnish with tomatoes and sprinkle with parsley.
i) We typically serve with tortellini or perhaps other pasta and go over with extra Dijon sauce.

88. Coconut, Pumpkin Pasta Sauce

Servings: 5

Ingredients

- 1 tablespoon vegetable oil
- 1 onion
- 1 tablespoon fresh ginger
- 500 g pumpkins, diced
- 100 ml chicken stock
- 1 410 can 1 (410 ml) coconut cream
- salt and pepper

Directions

a) Chop the onion and finely mince the ginger.

b) Heat the oil and sauté the onion and ginger without browning them.

c) Put the pumpkin and mix for 2 minutes.

d) Put sufficient water to simply just go over the pumpkin and prepare food before the pumpkin is soft.

e) Put the coconut cream and inventory and stir thoroughly.

f) Utilizing a blender or mold, mix until smooth.

89. Olive Oil & Red Pepper Sauce

Servings: 6

Ingredients

- 3/5 cup extra virgin olive oil
- 3 3/5 garlic cloves, minced
- 3/10 cup pasta cooking water
- 3/5 teaspoon crushed red pepper flakes
- 1 1/2 teaspoons kosher salt
- 1 1/5 cup fresh flat-leaf parsley, roughly chopped

Directions

a) Heat the oil in a huge saucepan over medium heat. Put the garlic and make, stirring, for 30 seconds, making sure it generally does not brown.
b) Put the pasta water, reddish pepper, salt, and parsley and provide to a boil.
c) Toss with cooked pasta.

90. Homestyle Pasta Sauce

Servings: 5

Ingredients

- 1 medium onion
- 2 cloves garlic
- 1 tablespoon vegetable oil (optional)
- 1 lb ground beef
- 1 large carrot
- 1 large zucchini
- 1 pepper
- 2 cups quartered button mushrooms (optional)
- 1/2 teaspoon salt
- 1 teaspoon basil
- 1 teaspoon oregano
- 4 cups crushed tomatoes
- 2 tablespoons tomato paste
- 1 tablespoon tabasco sauce (optional)

Directions

a) Set a sizeable pot of salted normal water to boil, and make the required amount of pasta.
b) Meanwhile, peel and chop the onion and garlic.
c) Peel and grate the carrot; grate the zucchini.
d) Prepare the mushrooms and pepper if employing.
e) Put the meats in an exceedingly large skillet, with the essential oil if the meats are quite lean, and fry, breaking it up into tiny bits, until browned.
f) When it' s half performed, add the onion, and continue food preparation until there is no red kept in the meat and the onion is translucent.
g) Stir the garlic into the meat for one minute, then increase the grated carrot and zucchini, and the pepper and mushrooms if using. Mix well.
h) Continue cooking, stirring frequently for a couple of minutes before vegetables are delicate. Season with the salt, basil and oregano.

i) Mix found in the crushed tomatoes and the tomato paste.
j) Reduce the heat up and simmer until well amalgamated.
k) Mix found in the Tabasco sauce, and serve above hot pasta.

91. Beef Lo Mein

Servings: 4

Ingredients

- 1 (8-ounce) package spaghetti
- 1 teaspoon dark sesame oil
- 1 tablespoon peanut oil
- 4 cloves garlic, minced
- 1 tablespoon minced fresh ginger root
- 4 cups mixed vegetables
- 1- pound flank steak, thinly sliced
- 3 tablespoons reduced-sodium soy sauce
- 2 tablespoons brown sugar
- 1 tablespoon oyster sauce
- 1 tablespoon Asian Chile paste with garlic

Directions

a) Bring a sizeable pot of lightly salted normal water to a boil.Make spaghetti in the boiling normal water until prepared through but the organization to the bite, about 12 minutes; drain and transfer to a sizeable bowl. Drizzle sesame essential oil over the spaghetti; toss to coat. Place a plate atop the bowl to keep carefully the noodles warm.

b) Heat peanut essential oil in a wok or perhaps large skillet over medium-high heating. Cook and mix garlic and ginger in scorching oil until fragrant, about 30 seconds. Add blended fruit and vegetables to the skillet; make and stir until somewhat tender, about three minutes. Mix flank steak into the vegetable mixture; make and stir before the beef is prepared through, about five minutes.

c) Blend soy sauce, brown sugar, oyster sauce, and Chile paste jointly in a tiny bowl; pour over the spaghetti. Dump spaghetti and sauce combination into the wok with the fruit and vegetables and steak; make and stir before the spaghetti is hot, 2-3 3 minutes.

92. One-Pot Pasta Puttanesca

Servings: 6

Ingredients

- 1 (24-ounce) jar hearty traditional sauce
- 2 cups water
- 1 (8-ounce) package uncooked spaghetti
- 1 (14-ounce) can quartered artichoke hearts
- 4 ounces pitted and halved black kalamata olives
- 2 tablespoons capers
- 3 cloves garlic, minced
- 1 cup halved grape tomato
- 2 teaspoons crushed red pepper
- 2 tablespoons chopped fresh parsley

Directions

a) Combine Sauce and water in a sizeable pot. Break the spaghetti in two (if wanted) and place it into the pot. Bring to a boil, stirring often.

b) Stir found in artichoke hearts, kalamata olives, capers, garlic,grape tomatoes, crushed crimson pepper flakes, and parsley. Reduce high temperature to medium-low, go over, and simmer until pasta is certainly cooked to wanted tenderness, 8 to ten minutes, stirring frequently.

c) Remove from heat and serve warm. Garnish with further fresh parsley and reddish colored pepper if desired.

93. Chicken Pasta Sauce

Servings: 5

Ingredients

- 2 lbs frying chickens (cut up)
- 4 large sweet red peppers (cut into strips)
- 2 medium onions (sliced thin)
- 1 (28-ounce) can tomato purée
- 1 tablespoon canola oil
- 2 tablespoons dried basil
- 2 tablespoons dried oregano
- 2 tablespoons Italian parsley (chopped)
- 6 cloves fresh garlic (sliced thin)
- 2 teaspoons salt
- 1/2 teaspoon red pepper flakes

Directions

a) Wash, cut up bits of chicken; pat dry with paper towel.

b) Season with 1 teaspoon. salt; set aside.

c) In a sizeable saucepan, heat oil and sauté onions and garlic. Put chicken pieces skin-side down and dark brown lightly.

d) Add the lovely peppers, tomato purée, basil, oregano, parsley, salt and pepper flakes.

e) Cover and simmer above low- medium heating on the stovetop for 1-1/2 hour.

f) In this recipe, the water originates from the cooking peppers and chicken which dilutes the purée without additional liquid.

g) Even so, if sauce becomes also thick during cooking, increase 1/2 can of normal water (or wine) just a little at the same time until its consistency is normally to your liking.

94. Fresh Fig & Prosciutto Sauce

Servings: 4

Ingredients

- 2 tablespoons butter
- 2 tablespoons all-purpose flour
- 1/2 teaspoon salt
- 1 cup milk
- 6 thin slices prosciutto, cut into thin strips
- 6 each fresh fig, stemmed and quartered
- 1 tablespoon lemon zest
- 1/4 teaspoon lemon pepper seasoning, or to taste

Directions

a) Heat butter found in a good saucepan over low heating;steadily mix the flour into melted butter until smooth and bubbly, 2 to 4 minutes. Add salt; mix to mix. Remove from heat; slowly but surely mix in milk until smooth.

b) Return light sauce to stovetop; get to a boil. Reduce heating and simmer over a low heating.

c) Cook and mix prosciutto and figs found in a non-stay pan over medium heating until warm, about five minutes. Mix lemon zest and lemon pepper seasoning into the bright white sauce. Serve figs and prosciutto atop sauce.

95. Feta and Bacon Pasta Sauce

Servings: 4

Ingredients

- 8 slices bacon, chopped
- 2 leeks leek, sliced
- 1 tablespoon butter
- 1/4 cup all-purpose flour
- 2 cups milk
- 8 ounces feta cheese, crumbled
- 1 pinch ground black pepper to taste

Directions

a) Place bacon found in a sizeable skillet over medium-high temperature. Fry for a couple of minutes, in that case, add the leeks. Make and mix until bacon is sharp and leeks happen to be tender. Set aside.

b) Melt the butter in a good saucepan over medium-high temperature. Whisk mutually the flour and milk, then pour into the saucepan with the butter. Bring to a boil and make, stirring regularly, until thickened.

c) Take away from heat and mix in the feta cheese. Combine in bacon and leeks, therefore season with pepper to taste. Serve over your selected pasta.

96. Pasta Amnesia

Servings: 4

Ingredients

- 2 (8-ounce) packages fresh linguine pasta
- 1 cup cream
- 4 ounces smoked salmon, chopped
- 1 pinch freshly grated nutmeg
- 1 pinch ground black pepper, or to taste
- 1 1/2 tablespoons black caviar
- 1 bunch chopped flat leaf parsley

Directions

a) Bring a sizeable pot of lightly salted normal water to a boil.Put pasta, and prepare food until al dente, about three to four 4 minutes. Drain.

b) Meanwhile, place cream in a tiny saucepan, over medium-low warmth. Mix in the smoked salmon, and season with nutmeg and dark pepper if desired. Mix frequently until thickened.

c) Place drained pasta into a huge serving bowl. Pour the cream sauce over the pasta, and put the caviar. Toss lightly until a few of the caviar offers busted and colors the pasta somewhat.

d) Serve immediately with a sprinkling of parsley.

97. Pasta Sauce with Pancetta

Servings: 5

Ingredients

- 6 tablespoons olive oil
- 2 tablespoons unsalted butter
- 2 ounces pancetta or 2 ounces bacon
- 3 onions, thinly sliced
- 1/2 teaspoon red pepper flakes
- 1 lb tomato, canned
- 8 medium fresh basil leaves
- Parmesan cheese

Directions

a) Place the essential oil and butter in a huge skillet over medium temperature; put the bacon and onions.
b) When the onions commence to carefully turn golden add the Chile pepper, tomatoes, basil and a pinch of salt.
c) Make the sauce for approximately 15 minutes before flavors are nicely put together.
d) Meanwhile make bucatini until al dente.

e) Toss the pasta with the sauce and sprinkle generously with cheese.

98. Green Tomato Pasta Sauce

Servings: 6

Ingredients

- 3/10 cup extra virgin olive oil
- 14 2/5 medium green tomatoes, cut into slices
- kosher salt
- ground black pepper
- 7 1/5 garlic cloves, minced
- 28 4/5 fresh basil leaves
- 1 1/5 lb linguine
- 3/5 cup parmesan cheese, freshly grated

Directions

a) Preheat oven to 300F.
b) Spray a huge shallow baking dish with cooking food essential oil. Lay the tomatoes in the dish and season with salt and pepper. Drizzle with the olive.
c) Bake uncovered until tomatoes soften relatively, about 25 minutes.
d) In a mini food processor chip, chop the garlic and basil collectively. Sprinkle the garlic/basil along with the tomatoes.

e) Covers with foil and bake until soft and lightly caramelized, another 25 minutes.
f) Take out from oven and place in a meal processor or blender. Pulse several times, but keep the sauce chunky. Devote saucepan to reheat and put cooked poultry if desired
g) Serve more than hot cooked pasta and best with freshly

99. Avocado sauce for pasta

Yield: 1 Servings

Ingredient

- 1 ounce Butter
- 2 To 3 Spring Onions,Green And White Parts, Chop
- 1 teaspoon Grated Orange Peel
- 1 teaspoon Grated Lemon Peel
- ½ teaspoon Ground Coriander
- 6 fluid ounce Oz Single (Light) Cream
- 3 tablespoons Plain Yoghurt
- Salt And Freshly Ground
- Black Pepper -- to taste
- 2 To 3 Avocados

Directions

a) Melt butter in a saucepan, add spring onions and stir-fry 1 minute.
b) Then add orange and lemon peel and coriander. Remove from the heat while you prepare cream and yoghurt. Pour cream into a small bowl and add yoghurt, salt and pepper. Mix well until smooth.
c) Peel, stone and chop avocados (the size you chop the pieces is personal

preference, but we usually chop into about $1\frac{1}{2}$ cm cubes). Add the avocado to the ingredients in the pan, pour yoghurt mixture over and very gently heat through.

d) DO NOT BOIL or avocados will become soggy and sauce will curdle. Pour over pasta, toss and serve at once.

100. Calcutta pasta sauce

Yield: 1 batch

Ingredient

- 2 tablespoons Butter
- 1½ tablespoon Cumin seed; crushed
- 1 tablespoon Paprika
- 3 Garlic cloves; minced
- 2 tablespoons Fresh ginger root; minced
- 2 Jalapeños; seeded and minced
- 3½ cup Chopped fresh or canned tomatoes
- 1 teaspoon Cardamom; ground
- ½ tablespoon Garam masala
- ½ cup Plain yogurt
- ½ cup Heavy cream
- ¼ cup Fresh cilantro; chopped

Directions

a) Sauté cumin, paprika, garlic, ginger root and jalapeños in butter until golden and fragrant, about 5 minutes. Add tomatoes, cardamom and garam masala.
b) Simmer gently until thickened, 30 to 60 minutes.
c) Add yogurt, optional cream and cilantro.

d) Heat through, but do not boil. Serve over couscous or pasta.

CONCLUSION

With the help and guidance of these detailed recipes, you'll develop a sense for the consistency of pasta that you're looking for. You can always add a little extra water or one less egg when your dough calls for it. You'll learn to work with your eyes and hands together, even without instructions. Once the dough is right, you can use the heel of your hand to fold it over onto itself and press, fold and press, until smooth and even throughout!

CPSIA information can be obtained
at www.ICGtesting.com
Printed in the USA
LVHW080757130422
716028LV00009B/458

9 781804 654231